# 网络环境下的
# 企业危机预警模型研究

王战平　著

科学出版社
北京

## 内 容 简 介

本书是一部探讨网络环境下企业危机及其预警的著作。在对网络环境下企业危机管理背景和企业危机预警理论进行介绍的基础上，重点分析网络环境下的企业危机类型，描绘网络环境下的企业危机演化过程，阐述网络环境下的企业危机传播要素与过程，构建网络环境下的企业危机预警系统，并对网络环境下的企业危机预警监测、网络环境下的企业危机预警评价、网络环境下的企业危机预警决策等内容进行深入探讨。

本书内容新颖，紧扣时代热点，可为企业管理、信息管理研究人员及商务智能研究人员提供理论参考，又可为企业危机管理、组织风险管理等部门提供实践参考，也可作为高等院校企业管理、信息管理、电子商务等专业师生的教材或参考书。

**图书在版编目（CIP）数据**

网络环境下的企业危机预警模型研究 / 王战平著. —北京：科学出版社，2022.3

ISBN 978-7-03-071424-4

Ⅰ. ①网… Ⅱ. ①王… Ⅲ. ①企业危机–企业管理 Ⅳ. ①F272.35

中国版本图书馆 CIP 数据核字（2022）第 021535 号

责任编辑：王丹妮 / 责任校对：贾娜娜
责任印制：张 伟 / 封面设计：无极书装

科 学 出 版 社 出版
北京东黄城根北街 16 号
邮政编码：100717
http://www.sciencep.com
北京厚诚则铭印刷科技有限公司 印刷
科学出版社发行 各地新华书店经销
*
2022 年 3 月第 一 版 开本：720 × 1000 1/16
2023 年 1 月第二次印刷 印张：10 3/4
字数：217 000

**定价：108.00 元**

（如有印装质量问题，我社负责调换）

# 目 录

# 1　网络环境下的企业危机管理背景

## 1.1　企业危机常态化

商场如战场，企业经营时时刻刻充满着不确定性，处处弥漫着风险、隐藏着危机。对现代企业而言，风险与危机已经是一种普遍的客观存在，它们潜伏在企业经营的全过程和所有环节，伺机爆发。美国学者胡尚·库克兰在《管理危机：挑战和复杂性》一文中指出："任何企业，无论其规模大小、业务性质和工业类型如何，都避免不了危机的出现。"这是一个风险遍存、危机四伏的时代，危机正成为企业生存和发展过程中的一种伴生常态。

美国莱克斯肯传播公司对《幸福》评选的500家最大工业公司的董事长和总经理的调查表明，80%的领导人认为"企业发生危机如同死亡一样，不可避免"，74%的领导人认为曾接受过严重危机的挑战[1]。中国零点调查公司等联合发布的《京沪两地企业危机管理现状研究报告》显示，目前有超过半数的被访企业处于中高度危机状态（正面临3种以上危机），其中40.4%处于中度危机状态（正面临3~4种危机），14.4%处于高度危机状态（正面临5种以上危机）。以近几年来中国市场上发生的企业危机事件为例，无论是国内的小企业，还是位列世界企业500强的跨国公司巨头，危机事件频频发生，一波未平一波又起。

2017年出现了不少"教科书式失败"的危机公关案例，漏洞百出、毫无责任担当地回应，非但不能"救火"，反而"火上浇油"，越描越黑，品牌形象在萌蠢和迷之自信的应对中崩塌，沦为危机公关的负面典型。例如，北京朝阳区红黄蓝幼儿园被爆出虐童事件①，社会舆论瞬间爆发，面对家长愤怒的情绪，以及强烈质

① 赵丽. 家长：最迫切想法是查看监控视频[N]. 法制日报，2017-11-24,（005）.

疑，红黄蓝幼儿园并没有及时正式回应。种种高高在上的姿态和逆天之“神逻辑”，可谓漏洞百出，越有错，越不认错，堪称危机公关的“教科书式失败”，未免让人质疑其企业的价值观，“一切为了孩子”也只不过是句空话，即使事情在慢慢淡化，但红黄蓝幼儿园转变成“黑”已是不变的事实。

当然，在这一年里，也有不少公关团队给我们呈现了一系列“教科书式成功”案例，在面对危机时，迅速、真实、敢于担责、坦诚应对的态度让危机事件于理性中化解。海底捞被爆出老鼠跑进食品柜，火锅漏勺掏下水道等严重影响业界口碑的事件。仅仅在事件曝光后的三小时之内，海底捞管理部门就迅速对此事件发出道歉信，并且公布了相关门店及管理人员的处理报告。在其致歉声明中没有逃避自己的责任，而是直接承认了自己门店在运营当中存在的问题，并向公众表示出诚恳的道歉态度和反思。海底捞向公众承诺，今后的每个月都会对所有门店的食品安全进行统一检查，并且将相关结果公之于众，尽可能地降低此类事件的发生概率。作为消费者也可以随时通过海底捞官网或者微信平台对食品安全问题进行监督查证，通过公布一系列整改措施和具体负责人的详细信息解决了消费者无法监督的疑虑①。总而言之，在应对这次危机的过程中，海底捞可谓做得面面俱到。正因海底捞反应迅速、道歉态度诚恳而平息了不少消费者的怒火，就在事件爆出的上午还处于沦陷的危机之中，下午就已经成功逆袭了，海底捞的反应堪称危机公关处理“教科书式成功”案例。

现代企业危机表现出发展迅速、升级演变快、呈现链式发展态势的特点，而且还能从企业的个别孤立事件演变成行业普遍现象，由偶发事件发展成频发现象，由传统的单一因素事件演变成复合多因素事件，一经爆发，往往牵连甚多，能迅速从“点”危机发展成“面”危机，从局部性危机蔓延和扩散为全局性的系统危机。

## 1.2 网络传播助推企业危机

### 1.2.1 网络传播的蓬勃兴起

作为继电视媒体之后的“第四媒介”，互联网络发展迅猛。2019 年 8 月 30 日，

① 郭诗卉.“老鼠门”后海底捞都干了啥[N]. 北京商报，2017-12-27，(004).

中国互联网络信息中心（China Internet Network Information Center，CNNIC）发布的第44次《中国互联网络发展状况统计报告》显示，截至2019年6月，我国IPv6地址数量为50 286块/32，较2018年底增长14.3%，已跃居全球第一位。我国IPv6规模部署不断加速，IPv6活跃用户数达1.3亿，基础电信企业已分配IPv6地址用户数12.07亿；域名总数为4 800万个，其中“.CN”域名总数为2 185万个，较2018年底增长2.9%，占我国域名总数的45.5%，网络传播方式的出现打破了过去信息封闭与信息匮乏的局面。

截至2019年6月，我国网民规模达8.54亿人，较2018年底增长2 598万人，互联网普及率达61.2%，较2018年底提升1.6个百分点；我国手机网民规模达8.47亿人，较2018年底增长2 984万人，网民使用手机上网的比例达99.1%，较2018年底提升0.5个百分点。与5年前相比，移动宽带平均下载速率提升约6倍，手机上网流量资费水平降幅超90%。“提速降费”推动移动互联网流量大幅增长，用户月均使用移动流量达7.2GB，为全球平均水平的1.2倍；移动互联网接入流量消费达553.9亿GB，同比增长107.3%。从CNNIC发布的统计报告数据对比可以看出，不到10年的时间，中国的网民数量、上网计算机台数、CN域名数量、网站数量成几何式的倍速增长，互联网普及率超过六成，移动互联网使用持续深化，网络技术的发展和应用普及迅猛得令人震撼。

网络传播正蓬勃发展。网络传播模式呈现出多元化发展特点：同步的、异步的，一对一、一对多，多对多，多对一。网络传播方式种类繁多，有企业站点、新闻组、邮箱、MSN、QQ、BBS（bulletin board system，网络论坛）、博客、各种形式的个人网络空间、网络流媒体等，随着技术的不断发展，网络传播的新工具与新方法还在不断地涌现。网络传播的应用普及惊人，以在线教育为例，截至2019年6月，我国在线教育用户规模达2.32亿人，较2018年底增长3 122万人，占网民整体的27.2%。2019年《政府工作报告》明确提出，“发展‘互联网+教育’，促进优质资源共享”。随着在线教育的发展，部分乡村地区视频会议室、直播录像室、多媒体教室等硬件设施不断完善，名校名师课堂下乡、家长课堂等形式逐渐普及，为乡村教育发展提供了新的解决方案。通过互联网手段弥补乡村教育短板，为偏远地区青少年通过教育改变命运提供了可能，为我国各地区教育均衡发展提供了条件。

### 1.2.2　网络媒体的传播特点

网络传播的出现，极大地动摇了大众传播中传播者的地位。网络传播的最大特点是信息传播的双向（乃至多向）互动性。网络传播中的传播者和受传者不仅处于近乎平等的地位，而且可以意义互换，受传者可以成为信息的传播者，传播者也可以成为信息的接受者，在网络传播中并不存在一个固定的传播者的概念[2]。网络传播使昔日的“把关人”失去了信息传播中的特权，“把关人”理论也因为传播主体的位移而失去了立足的依据，因为信息的“gate”（大门）已不复存在了——网络以其无障碍式的交流宣告了无“gate keeper”（把关人）时代的来临。网络传播从根本上改变了受众在传播中的地位。在互联网当中，受众不再是处于被动的接受方，而是根据自己的需要和兴趣主动搜寻信息，与此同时也成为信息的发布者，将自己获得的各方面信息及自己的观点与意见在网络空间自由传播和碰撞，在不断交流的过程当中实现观点的集结升华。

由于受众角色的变化，受众与传播者身份的混杂，信源表现为多元化并泛化到了泛滥的局面，同一内容信息在网络空间得到多角度、全方位诠释和解析，甚至被扭曲和丑化。由于集传播中的“受”与“传”于一体，其个体的信息获取途径、方法、技能等往往不同，其获取的信息的真度、准确程度、完整性、时效性等有所差异，其知识、经验、素质、经历、能力、所处的特定环境的差异会决定和影响其辨识与判断，并在表达能力、心态、动机、表达环境的影响下，其网络传播表达的行为方式、内容、目的意义及其影响表现出巨大差异。受众在网络空间获得了传播主权的回归，但是网络媒体“把关人”薄弱甚至缺失的现状，导致了网络中信息良莠不齐，形形色色，总量超载，价值信息稀缺。

### 1.2.3 网络环境下危机的传播和发展

在无边际的网络虚拟世界，几乎无法实现对传播实实在在的社会控制。对于传统的大众传播媒体来说，可以通过国家和政府制定的有关法律、法规和政策实现传播的社会控制，保障媒介活动为国家制度、意识形态及各种国家目标服务。管理举措包括对媒体的活动进行法制和行政的管理，对媒体的创办进行审批登记，限制或禁止某些信息内容的传播，分配传播资源，等等。在传统的“沙漏式”传播模式下，记者和编辑站在“把关人”的岗位上，控制着新闻信息的生产与传播，决定着新闻的命运。但是在网络传播的条件下，由于受众享有极大的选择权、传播权和主动权，新闻传播者的地位受到削弱，权力在向受众倾斜，传播的社会控制趋向弱化。结果表现为：一方面，网络成为信息和知识跨域交流与共享的平台和内容丰富的海量资料库；另一方面，网络中谣言、假新闻、诽谤中伤、假消息与低俗信息的泛滥，网络在某种意义上成为某些负面信息的集散地，抱怨与流言四起，偏激和虚伪交融，瑕疵和不足被聚焦放大并迅速传播扩散，引发关注和批评，从而引爆危机，威胁企业的生存和发展。

危机作为新闻报道的最佳素材，社会媒体关注的焦点，公众的口舌之地，一旦爆发，整个企业将被迅速卷入舆论的漩涡。在传播平民化的低社会控制的网络传播环境下，这种情况更甚。网络传播经常扮演着危机催生婆和传播加速器的角色，网络容易滋生隐患，引发冲突，引爆危机，随着危机的爆发，通过网络传播，危机快速蔓延，加剧恶化，迅速升级发展。

网络环境下，网络传播容易引发并加剧企业危机，表现在以下方面：与企业危机相关联的负面新闻和消息在网络环境中获得快速而广域地扩散，危机迅速升级发展，破坏性进一步增强；形形色色的网络传播不断催生新的危机，并使企业的隐性危机日趋明朗化，引发冲突，给企业造成危害；随着新闻竞争的日趋激烈，互联网络已经成为新闻工作者新闻素材与线索的重要源头渠道，而且，网络传播中的危机信息已经在加速向传统传播领域扩散和渗透，这种扩散和渗透发展迅速。

## 1.3　网络环境下的企业危机管理困难重重

危机常常不期而至，令人措手不及，给企业和公众造成巨大的损失和影响，严重贬损企业的良好声誉，降低社会公众对企业的信任和支持，使企业陷入困境而难以自拔，甚至危及企业的生存，给社会造成直接经济损失和形象破坏等。面对层出不穷的危机，企业必须加强危机管理（crisis management），正如美国国防部原部长麦克纳马拉所言："今后的战略不复存在，取而代之是危机管理。"个人或组织通过对危机进行监测、预防、决策等行为来规避危机出现、降低危机的危害，或是转危为机的管理过程称为危机管理。危机管理的核心包括危机预防和危机应急处理，前者针对尚未爆发的潜伏危机或隐性危机，后者针对已爆发的显性危机。通过及时、有组织、有步骤、合理、适当的管理方式与方法的实施，在尽可能短的时间内控制和消除危机，将可能造成的企业损失减少到最低程度，帮助企业化险为夷，并迅速恢复、重塑企业的良好声誉与形象，实现企业持续、健康、稳定、快速的发展。

但是，平民化、低社会控制的网络传播，对危机的产生、发展和升级发挥了极强的助推作用。公众的种种质疑、任何不满、各种憎恶等诸多情感都能通过多元的网络传播渠道和多样的传播形式迅速地释放和表现出来，并在网络空间寻找到共鸣，通过集群集结，该情绪在网络传播中的效应放大，引起公众广泛关注，引发公众的质疑、不满、憎恶，促使关系迅速恶化升级，引发质变，并直接引爆危机。

在网络环境下，由于传播控制削弱，透过网络传播，企业危机层出不穷，形式多样，扩散速度快，恶化升级迅速。危机预警难度增大，准确性降低，危机管理面临的时间压力加剧，常常是缺乏准备或准备不充分就匆忙上阵。同时由于在网络环境中，受众呈现出小众化特点，信息需求表现出个性化，传统的大众沟通模式不再适用。网络传播环境下，公共关系传播对舆论引导的效用在进一步下降。危机公关面临高噪声干扰。随着传播权的大众回归，公众有权利发表任何自己的质疑、不满、憎恶等对抗企业的公关传播，网络时代的危机公关传播面临的压力更大，沟通也更加复杂。而且，危机面前，时间高压下的内部协调也变得困难，危机管理资源保障的不确定性在加剧。时间高压下的危机管理及其公关沟通等一系列决策的风险在加大，决策是否理智，所选择的方案是否最优尚难定论。这些导致和加剧了危机管理的难度。

# 2 企业危机预警相关理论

## 2.1 危 机 理 论

### 2.1.1 危机的概念

危机一词源于希腊语中的医学术语 Krinein，原始含义是濒临死亡，生死难料的状态，后被人演绎成不可预期、难以控制的局面。在韦氏字典中，危机被解释为一件事情“转机与恶化”的分水岭，是决定性或关键性的一刻，是生死存亡的关头。在现代汉语中，危机具有两层含义，一是潜伏祸根，二是严重困难或生死攸关的紧要关头。而在现有的经济管理研究中，对于危机的定义则各有不同，尚未有一个权威、统一的定义，以下各位学者的观点颇具代表性。

危机研究的先驱 Hermann 将危机定义为某种形势，在这种形势中，决策者的根本目标受到威胁，做出反应的时间有限，而形势的发生出乎决策者的意料[3]。这个定义提出了危机的三要素，即决策者的根本目标受到威胁、做出反应的时间有限和意外性。

Fink 认为，危机是事物的一种不稳定状态。在危机到来时，当务之急是要实行一种有决定性的变革[4]。Rosenthal 和 Pijnenberg 则从不确定性角度出发，认为危机是对一个社会系统的基本价值和行为架构产生严重威胁，并且在时间性和不确定性很强的情况下必须做出关键性决策的事件[5]。Pauchant 和 Mitroff 指出，危机将实质影响甚至瓦解整个系统，且足以威胁到组织的基本假设、对本身的主观认定或其存在的核心部分[6]。Barton 从危机影响的蔓延角度出发，认为危机是一个会引起潜在负面影响的具有不确定性的大事件，这种事件及其后果可能对组织及其员工、产品、服务、资产和声誉造成巨大的损害[7]。Fearn Banks 把危机定义为对组织、企业或产业可能造成潜在负面影响的重大事件，此事件也可能波及该组织的公众、产品、服务或名声，因其冲击到组织的正常运作，甚至威胁组织的生存[8]。Lerbinger 将危机界定为对于企业未来的获利性、成长乃至生存有潜在威胁的事件。他认为，一个事件发展为危机，必须具备以下三个特征：其一，该事件对企业造成威胁，管理者确信该威胁会阻碍企业目标的实现；其二，如果企业没有采取行动局面会恶化且无法挽回；其三，该事件具有突发性[9]。Pearson 和 Clair 从心理学、社会政治学和科技理论的角度，对危机的含义进行了较为宽泛的界定：危机是一种由关键利益关系人所认知且主观经验的情况，其发生概率低，却有高度影响性与威胁性；情况的成因、结果及解决方法均混沌不清，常导致群体心理共享的经验及信仰价值破灭或丧失[10]。Seeger 等认为危机是一种能够带来高度不确定性和高度威胁的，特殊的、不可预测的、非常规的事件[11]。Heath 认为，从管理角度来看，危机之所以是危机是由于危机反应时间有限或表现得似乎很有限，且必须在时间有限的约束下马上做出决策；信息不可靠或不完备；应对危机所需的人力、设备可能或显得超出实际可得[12]。我国学者干勤认为，危机是指危及企业形象和生存的突发性、灾难性的事件，它通常会给企业和公众带来较大损失，严重破坏企业形象，甚至使企业陷入困境乃至破产[13]。薛澜等认为，危机通常是决策者的核心价值观念受到严重威胁或挑战、有关信息很不充分，事态发展具有高度不确定性和需要迅速决策等不利情境的汇聚[14]。刘刚把危机界定为组织由于量变的积累，导致内在矛盾的激化，事物即将发生质变和质变已经发生，给组织带来严重的损害，甚至导致破产发生的一种状态。为阻止质变的发生，需要在短时间内立即进行决策和行动[15]。肖鹏军认为，危机是指个人、群体或组织由于突发事件的出现而受到破坏，严重地威胁到其正常的生存与发展的状态。该定义的要点在于：第一，就危机发生的范围而言，既可能在微观层面，影响个人或者少数人，也可能在宏观层面，影响和波及更广范围；第二，危机之所以出现是因为正常的生存秩序和发展进程受到破坏，严重威胁到正常的生存与发展，而不是造成一般的负面影响；第三，危机通常是与突发事件相联系的，因此，在一定意义上，突发事件成为危机的代名词[16]。陈建平从危机“引发方”的研究视角，认为危机是牵涉引发方和应对方的冲突互动过程，其本质是互动双方争夺利益和价值的冲突互动过程[17]。温奇峰认为危机是组织或个体所遭受的不确定的且具有负面影响的突发事件[18]。韩新明和梁海霞认为危机是决策者（个人或组织）在实现根本利益与目标时可能遇到的或突然遭遇到的一种不确定的威胁，它会严重影响到决策者的生存与发展，急需对其快速做出反应和对策[19]。

综上所述，危机是由一种或多种负面因素混合交织在一起引发的一种情景状态，这种情景状态在短时间内波及层面广，对危机主体危害大，由于其不确定性强，会造成高度的迫切感，危机管理者必须在短时间内做出相应的决策降低危机的负面影响或是转危为机。它具有突发性、聚焦性、破坏性与急迫性等特点。

### 2.1.2 危机的主要特点

1. 突发性

大多数危机都是在极短的时间内突然爆发，演变常常非常迅速，突如其来发生，大多时候或只有短时预兆，危机的各种前兆往往没有引起人们的注意，待到危机发生时，组织原有的平衡格局被打破，给人一种意外的感觉。危机事件在发生后常常会成为社会和舆论关注的焦点和热点。一时间，它就会像一枚突然爆炸的“炸弹”，在社会中迅速扩散开来，成为公众街谈巷议的话题，新闻媒体竞相追逐报道的内容，竞争对手发现破绽的线索，主管部门检查批评的对象，引发社会各界的不同反应与关注。

2. 破坏性

危机通常是在当事者毫无准备的情况下瞬间发生，不论什么性质和规模的危机，都必然会造成不同程度的破坏。危机容易给当事者带来很大程度的混乱和惊恐，而且由于决策时间、掌握的信息有限，一旦决策失误，将会带来无可估量的损失，并在组织中形成连锁反应，引发系列冲突，事态进一步扩大。对于企业而言，如果不能妥善处置危机，轻者导致企业形象受损，公众对企业失去好感，重者可能导致企业破产，威胁到企业的生存与发展。

3. 连带性

危机在组织中的发生，很有可能是一个局部的事件导致的，但这一局部危机事件很容易引发一连串的反应，导致社会公众、新闻媒体对组织的其他环节、组成部分、运作机制、组织制度等进行负面的深入探究，将局部危机事件扩展为环绕组织的全局性危机事件。

4. 双重性

古人云：“祸兮福所倚，福兮祸所伏。”这句话说明任何事物都是辩证的统一体。从字面上看，“危机”中既包含“危”——危险和危难，也包含“机”——时机和机遇，“危机”就是危险与机遇并存，对组织来说，是灾难，也可能是转机。危机的危险性不言而喻，危机的出现往往会危及组织的生存和发展，如处理不当会带来巨大损失。危机带来的机会包括两个方面：一方面，危机可以暴露组织的弊端，使组织认识到自身的不足，能够对症下药，有效克服自己的弱点，为进一步发展清除障碍；另一方面，组织在危机中往往会成为公众关注的焦点，如果危机处理得当，可以比在常态下更为有效地提高组织的知名度和美誉度，转危为安，坏事变好事，形成新的发展机会。诚然，危机的机遇性的基础在于组织对危机进行合理的成功处理。正如奥古斯丁所说，“每一次危机既包含了导致失败的根源，又孕育着成功的种子”[20]。

5. 关注性

危机的爆发通常会对公众所关心的事情造成较大影响，甚至会伤害到公众利益，因此危机常常处于公众关心的焦点位置。在信息时代，信息传播速度远远快于危机本身发展速度。同时，信息传播渠道越来越多样、时效越来越快、范围越来越广，任何危机在这种情形之下，都会迅速成为公众关注的中心，成为媒体炒作的新闻素材。

6. 不确定性

危机产生的原因、后果，有哪些变化，有哪些影响因素，这些都是非常不确定的。危机发生后，人们往往不知所措，不仅是因为事件的开端无法用常规性规则进行判断，而且其后的发展与可能产生的影响和冲击也缺乏经验性知识予以指导，一切都处于瞬息万变之中。当危机发生时，如果能把事件了解清楚，则在处理危机时将更具针对性；否则所采取的措施将不可避免存在着一定的盲目性。特别是由于危机信息的缺乏和杂乱无章，管理者很难及时获得比较客观、准确、全面而系统的信息，从而无法把握整个事态的过程和发展，给危机管理和应对造成诸多的困难，同时，也因而进一步加剧了危机的不确定性。

7. 阶段性

危机有爆发之时，也有消亡之刻，就像生命体一样，危机拥有自己独特的周期。在危机生命周期的每个阶段，其强度、危害性、诱因均有所不同。而对于组织而言，须根据其各阶段的特点和症状特征，对症处置，力争能在危机爆发之前就将其消灭，或在危机爆发初期就将其妥善处理，使其可能对组织造成的危害降到最低水平。

### 2.1.3 危机的基本类型

危机种类繁多，覆盖范围广阔。根据不同的划分标准对危机类型加以区分，能够帮助企业了解不同危机的特点，有针对性地制定和选择危机预防与处置对策，从而有效挽救危机局面，改善组织的市场经营状态。不同的研究者从不同的角度，依据不同的划分标准，对危机进行了不同类型的解析。

Shrivastava 和 Mitroff 根据外因与内因、人为与天然的维度，将危机分为四种类型：①外在环境造成的人为危机，主要是指外在的因素导致组织产生危机事件，如消费者投诉、产品退货、公司最高领导被害等；②外在环境引发的天然危机，主要是指自然环境发生不可抗力事件对组织的运作产生危害，如台风、地震、水灾等；③内在环境引发的人为危机，主要是指组织内部因人为的行为给组织带来危机，如工人罢工、资金周转不畅、管理不善、质量水平下降等；④内在的天然危机，是指组织内部不可抗力的因素带来的危机，如工厂爆炸、停电等[21]。

Rosenthal 等根据危机发生和终结的速度，将危机分为四类：①龙卷风型危机，这类危机发生得非常突然，但消失速度也很快；②腹泻型危机，这类危机往往酝酿时间很长，但一旦爆发，迅速结束；③长投影型危机，这类危机突然爆发，但影响深远；④文火型危机，这类危机来得快，去得慢[22]。

Stallings 和 Schepart 按照危机情境中主体的态度，将危机划分为一致性危机和冲突性危机两类。在危机情境中，当所有相关的利益主体具有同质的要求时，就属于一致性危机，如自然灾害；当各相关的利益主体具有不同的要求时，或者说存在两个或两个以上不同要求的利益主体时，就属于冲突性危机，如企业产品质量索赔[23]。

Gonzalez-Harrero 和 Pratt 根据危机的生命周期，将危机分为三类：①风潮型危机，是指稍纵即逝的危机，来得快，去得也快，是威胁性最低的危机类型；②攀高型危机，是指倘若危机处理不当，危机将如滚雪球般扩大，甚至于引发新的危机；③循环型危机，一是指与季节有关的周期性危机，二是指“一波未平，一波又起”的波浪式危机，当一个危机即将衰退终止时，突然又形成一个新的危机[24]。

Hwang 和 Lichtenthal 根据危机发生的紧迫程度，把危机分为两类：一是突发性危机，是指无预警的意外事件或冲击，每个事件发生的概率都是彼此独立的，这类危机通常是由某个个别事件所引发，与环境的联结关系比较少；二是渐进性危机，是指组织内危机因子缓慢累积，直到逼近某个临界点时危机才爆发出来，这类危机通常代表组织陈年累积的问题，或与组织制度和文化方面的问题相关[25]。

闪淳昌和薛澜认为危机有十种分类方法：自然的或人为的突发性事件（如自然灾难和事故灾难）与社会冲突危机（如战争、暴力对抗）；一致性危机（如全民救灾）与冲突性危机（如战争、革命）；结构良好的危机与结构不良的危机；有形损失危机与无形损失危机；直接危机与间接危机；显在危机与潜在危机；一般危机与严重危机；内部危机与外部危机；蔓延性危机、周期性危机与突发性危机；按主要成因及其涉及范围划分为政治危机、法制危机、经济危机、社会危机、天然危机[26]。

罗森塔尔等认为，从危机应对的角度可以将危机分为突发危机、从计划到危机和渐进式危机[27]。

宋劲松和袁宁认为，从危机管理的需要来看，可能更具有现实意义的危机分类是按应对主体、应对措施和影响后果来分[28]。

当然，危机的分类远不止这些，还可以从所涉及领域角度将危机分为政治危机、经济危机、社会危机等；按形成过程将危机划分为直接危机和间接危机；按显露程度将危机划分为显性危机和潜在危机；按严重程度将危机划分为一般危机和严重危机；按危机给组织带来的破坏与损失形态，可将危机划分为有形损失型危机、无形损失型危机和混合损失型危机。

## 2.2 企业危机管理理论

### 2.2.1 企业危机管理的含义

对于危机管理的研究，起源于20世纪60年代的美国，由于西方跨国公司的积极参与，在80年代取得了显著的成果。危机管理这一术语正式出现于Steven Fink于1986年出版的《危机管理：为不可避免的事而计划》(*Crisis Management: Planning for the Inevitable*)一书中，从而将危机管理从政治科学领域拓展至经济管理领域。危机管理理念在美国企业中得到了广泛重视，许多企业，特别是跨国公司纷纷建立企业危机管理体制，危机管理开始走向成熟，并在企业管理体系中占有重要地位。围绕着企业危机管理，许多研究者做了颇具意义的探索。

美国学者Fink把危机管理定义为：对于企业前途转折点上的危机，有计划地消除风险与不确定性，使企业更能掌握自己前途的艺术[4]。

Green从危机控制的角度出发，认为危机管理的一个特征是“事态已发展到无法控制的程度，一旦发生危机，时间因素非常关键，减少损失将是主要任务”。因此危机管理的主要任务是尽可能地控制事态，控制损失[29]。

Mitroff和Pearson首次从信息角度出发，认为收集、分析和传播信息是危机管理者的直接任务，管理者的主要行动是甄别事实，深度分析，控制损失，加强沟通[30]。

美国公共关系专家Heath博士认为，危机管理包括对危机事前、事中、事后所有方面的管理[31]。有效的企业危机管理涉及五个方面：①危机管理者对危机情境要防患于未然，并将危机影响最小化；②危机管理者要未雨绸缪，在危机发生之前就做出响应和恢复计划，对员工进行危机处理的培训，并为组织或社区做好准备以应对未来可能出现的危机及其冲击；③在危机情境出现时，危机管理者需要及时出击，在尽可能短的时限内遏制危机苗头；④当危机威胁紧逼，冲击在即，危机管理者需要面面俱到，不能忽视任何一方面，这意味着此时要运用与危机初始期不尽相同的资源、人力和管理方法；⑤危机过后，管理者需要对恢复和重建进行管理，这也意味着此时运用的资源、人力和管理方法会与危机初期和中期有所不同。

Burnett 从危机的持续性、不确定性出发认为，危机管理应该同组织的战略结合起来，争取通过一些行动来避免和缓和危机的不确定性危害，并且危机管理必须是持续的努力[32]。

日本的企业管理顾问藤井定美认为，危机管理就是针对那些事先无法预想何时发生，然而一旦发生却对企业经营造成极端危险的各种突发事件的事前事后管理[33]。

Cynthia 认为，企业危机管理是指企业通过危机检测、危机预警（爆发前）、危机决策（爆发时）和危机处理（爆发后），来规避危机或减少危机所造成的危害，甚至将危机转化为机遇的管理活动[34]。

Sheaffer 和 Mano-Negrin 指出，企业危机管理是指企业为预防、识别、处理、转化危机而采取的一系列维护企业生产经营正常进行，使企业摆脱逆境、避免或减少企业财产损失，将危机化解为转机的一种积极主动的企业管理行为[35]。

美国南加州大学的鲍勇剑和陈百助认为，危机管理是一门研究为什么（why）人为造成的危机会发生，什么样（what）的步骤或方法可以避免这些危机发生，一旦危机发生，如何（how）控制危机的发展和消除危机的影响的学科[36]。

Alexander 探讨了新型社交媒体在危机管理实践中的应用。他认为，在大众广泛使用社交媒体的新时代，危机管理人员必须变更工作思路和工作方式，危机管理人员必须善于利用社交媒体积极的一面，避免消极的一面，以应对新型社交媒体带来的挑战和机遇[37]。

Jin 等研究了社交媒体在有效危机管理中的作用，他们指出，公众在企业危机期间越来越多地使用社交媒体，危机沟通专业人员需要了解如何战略性地优化这些工具。他们通过实证研究提出了帮助危机管理者理解公众如何通过社交媒体生产、消费或分析危机信息的社交中介危机沟通模型[38]。

Ley 等认为，危机管理是一项复杂的管理问题，企业各部门间需要实时地进行协作和沟通，时效性要求高，危机管理的计划和流程是存在的，但是层出不穷的动态变化的因素、大量的异质组织和高度的相互依赖性使得危机管理不可能事先对所有的危机时间进行计划，因此，各种信息和专业知识的共享是必需的，并通过实证研究讨论了如何在信息和专业知识共享方面支持协作，从而更好地进行危机管理，中止或化解企业危机[39]。

我国有关危机管理的研究始于 20 世纪 80 年代末期，首先是对决策失误的经验研究。当时，国家自然科学基金委员会管理科学部资助了两个基金项目，“企业逆境管理——管理失误成因分析与企业滑坡对策研究”和“企业危机的预警原理和方法研究”，都取得了一定的成果。从 20 世纪 90 年代起，作为危机管理的主要内容——企业管理失误研究，在我国开始了系统的实证研究。大量的学者为丰富危机管理的理论体系做出了贡献。

王金桃在其博士论文中就危机管理应急决策及其在城市防汛工作中的应用进行了研究，其研究侧重于危机管理的应急反应决策；她运用系统工程的理论和方法来分析形成危机的原因，并研究了危机管理应急决策的时机选择的问题，通过运用 DSS（decision support system，决策支持系统）来提高应急决策的速度和效果[40]。

苏伟伦认为，个人或组织通过采取对危机进行监测、预防、决策等行为来规避危机出现、降低危机的危害，或是转危为机的管理过程称为危机管理[41]。

孟雪梅和贾春华提出信息化战略在危机管理中的应用思想，认为中小企业预警式战略重点为危机管理系统，该系统分为三部分：企业危机预测系统，危机中企业的控制系统，危机后企业恢复与再开发系统[42]。

柳炳祥和徐远纯讨论了数据挖掘技术在企业危机管理中应用的思想，主要是应用在以下几个方面：利用 Web 页面挖掘搜集外部环境信息；利用数据挖掘分析企业经营信息；利用数据挖掘识别、分析和预防危机；利用数据挖掘技术改善客户关系管理；利用数据挖掘进行信用风险分析和欺诈甄别；利用数据挖掘控制危机[43]。

朱德武在分析了我国最近几年来出现危机的案例后认为，危机管理应该包括危机管理的基础工作、日常危机管理和危机事件管理三部分，并讨论了建立危机预警系统的意义，从案例出发深入分析如何建立危机预警系统和建立危机预警系统后应该主要注意的问题，以及危机处理后的恢复管理等问题[44]。

张玉波认为，危机管理是指为了预防危机的发生，应付各种企业可能出现的危机情境，减轻危机损害，尽早从危机中恢复过来，所进行的信息收集与分析、问题决策与预防、计划制订与责任落实、危机化解处理、经验总结与企业调整的管理过程[45]。

刘刚认为，对于企业而言，危机管理是指企业在经营过程中，针对可能面临的或正在面临的危机，所进行的一系列管理活动的总称，目的在于清除或降低危机所带来的威胁和损失，乃至变危机为机会[15]。

何维达等以公司治理理论为基础构建了危机管理模式，从危机内部根源和动态性出发，通过内外利害相关者的治理，可以从整体上增强企业抵御和彻底化解风险的能力。短期治理机制可以减弱企业危机，实施长期治理机制可以化解企业危机。企业危机的管理过程实质上是企业内外部环境动态平衡的过程，内外部环境不平衡—危机出现—公司治理—达到新的平衡[46]。

邱宝林和谷祖庆强调，企业危机管理是指企业通过危机预防、危机处理及危机后的总结，来预防或减少企业危机产生的可能和危害，使企业处于正常的经营状态的动态控制过程[47]。

刘静静等从和谐管理理论的角度研究了企业危机管理，引入了致力于多变环境下复杂管理问题求解的和谐管理理论，其独特的“双规则”（优化设计与能动致变的结合）体系，特别是对不确定性的解决之道“和”的强调及“和谐”耦合机制的设计为企业危机管理开启了一条新思路，提供了一套系统的解决方案[48]。

曾智洪通过企业危机形成与发展的几个阶段和企业危机管理模型的介绍，分析管理熵与管理耗散结构理论和企业危机管理的关系。综合运用管理熵和管理耗散结构理论，探析企业危机与管理效率的实质，建立企业危机管理系统，使企业得以生存与持续发展。管理熵递增促使企业危机的形成，管理效率递增抑制企业危机发展。他认为，根据管理耗散结构理论，一种远离平衡态的非平衡系统在其外参数变化到某一临界值时，要通过系统与外界连续不断地交换能量和物质，系统可以从原来无序性状态转变到空间、时间和功能上都有序的结构[49]。

张芳指出，企业危机管理是指企业为避免或减轻危机带来的损害和威胁，从而有组织、有计划地学习、制定和实施一系列管理措施和策略。任何防止危机发生的行为、任何消除危机的措施都是危机管理[50]。

徐明阳和苏平从社会责任的视角探讨了企业危机管理，认为社会责任是企业可持续发展的内在需求与必然选择，是企业危机管理的命脉。加强企业社会责任建设，才能真正有效管理企业危机。他指出，企业应研究如何履行社会责任进行风险管理、预防危机；怎样在危机管理中以利益相关者利益为重、倾听其声音特别是网络舆论中的民意，弥补其损失，处理好与他们的关系；怎样在“道”的统领下，运用危机管理的各种策略、技巧、方法及微博等新媒体应对危机。这种标本并重高水平的危机管理，才能真正使企业转危为安，化危为机，有效预防危机的发生[51]。

赵晶晶在强调危机管理的必要性的基础上，将信息管理引入企业危机管理，讨论了在企业危机监测、危机预防、危机处理的动态管理过程中如何实施信息管理[52]。

王丽芳研究指出，在市场营销背景下，企业为确保在激烈的市场竞争中满足不同市场需求，跟上时代的脚步，确保企业能稳定地发展和运行，企业需要结合自身的管理战略和完善的危机管理体系对市场营销战略不断进行有效的调整、改进和完善，以此形成了危机管理模式。企业危机管理是指企业在面临危机和潜在危机时所采取的一系列的方法和措施[53]。

从上述学者的研究来看，国外的危机管理研究经历了三个阶段，即案例分析阶段、危机描述及危机诊治阶段、建立危机管理模型阶段。西方国家对于危机管理的研究侧重于管理技巧方面的总结和归纳，并逐渐向危机内在机理、危机预防规律、危机管理机制等方面拓展，相关的理论体系比较成熟。最新研究主要集中在企业文化、企业内部信息和有效知识共享、社交媒体在企业危机管理中的应用等。而国内目前对于企业危机管理的研究，已逐步从案例分析阶段的规范性研究逐步过渡到理论模型的研究，逐步重视危机管理的理论与方法的研究，并从多个视角和理论范畴对企业危机管理进行探讨，如从企业文化、企业社会责任、企业信息管理和知识共享、企业营销战略等角度进行探讨。

从上述研究可以看出，企业危机管理是一个系统化过程，是一个复杂的管理问题，也是一个动态管理的过程，是企业内外部环境动态平衡的一个过程。不管什么类型的危机，它的出现一定是企业内部环境和外部环境的动态平衡被打破，危机的出现，会影响企业经营目标的实现，而危机管理的过程就是实现企业内外部环境重新达到平衡状态，进而继续达成企业的经营目标。企业危机的管理过程，也是企业经营能力提升的过程，利用、处理得好，可以化危为机，促进企业的进一步成长，可以抵抗更深层次的危机。

笔者认为，企业危机是使得企业内部外部环境的平衡被打破，企业经营目标受到影响，发展态势不明确，对企业全局及利益相关者的利益构成严重威胁的，在信息不充分和时间不充足的情况下快速处置的重大事件。而企业危机管理化解企业经营过程中面临的影响企业经营目标的重大事件，通过危机预防、危机识别、危机处理和事后企业形象恢复管理等行为所进行的一系列管理活动的总称。

### 2.2.2　企业危机管理的模式

不同的研究者根据企业危机的发展阶段和企业危机管理的过程，提出了不同的危机管理模式。

Fink 建立了一种四阶段危机管理模式：①前症状期；②敏锐的危机阶段；③慢性痛苦的危机阶段；④恢复阶段[4]。

Mitroff 和 Pearson 根据企业危机管理的进程，提出了五阶段危机管理模式：①警讯侦测（signal detection），即识别危机发生的预警信号；②深入探测与防范

（probing and prevention），即对可能发生的危机做好准备并尽力减少潜在损害；③损害抑制（damage containment），即在危机发生之后，努力使危机不影响企业的其他部分或外部环境；④恢复（recovery），即企业尽快从危机的伤害中恢复过来，实现正常运转；⑤学习（learning），即从危机处理的整个过程中，吸取经验，总结教训，通过危机学习，提高企业应对未来危机的能力[54]。

希斯建立了一种危机管理的4R模式，即危机管理可以划分为缩减（reduction）、预备（readiness）、反应（response）、恢复（recovery）四个阶段[55]，其结构如图2-1所示。有效的危机管理是对4R模式所有方面的整合：①危机缩减是有效危机管理的核心，是防微杜渐的工作。这些防范包括质量控制、改进管理、加强培训、提供更好的支持。在危机缩减过程中，ABC减缓法则是一种重要的方法，ABC表示“远离（away）—更好（better）—相容（compatible）”，该方法表明，较好的危机管理方法是建立一种结构：远离风险或威胁的根源；比要求的做得更好，以抵制风险和威胁的根源；与那些最能抵制或减轻风险或威胁根源的设计模式相容。②危机预备包含危机预警策略，培训及有效的演习。③危机反应是指对危机情境的反应。主要的管理工具是危机管理框架结构（crisis management shell structure，CMSS）。该框架包含危机管理者、管理联络部、信息整理部、信息侦察兵、公众与媒体部门、咨询形象管理部、主要咨询团体、首席危机管理者、标准运作联络部、指挥协作部、战术反应部等部门，它将信息部分、决策部分、咨询部分和运营部分结合起来。CMSS具有很多满足有效危机管理要求的特征，这些特征包括：简单易懂的结构；简短的沟通与指挥通路；扁平管理，以传达信息时减少信息扭曲和时滞；集中决策；授权，在任务水平上的共同决策；重视合作而不仅是战术指挥；收集、评估与整理信息；在危机形势中各当事人集团间有效地沟通；与危机形势的外部团体有效地沟通。④危机恢复，危机情境一旦被控制后，管理者需要着手致力于组织的恢复工作，尽力将组织的财产、设备、工作流程和组织中的人力恢复到正常状态。

Gonzalez-Harrero和Pratt根据对麦当劳的热咖啡事件和英特尔奔腾芯缺陷事件的研究，发展了一种四阶段的危机管理模式：①议题管理（包括对环境的扫描，收集数据，形成一种信息交流的战略）；②危机规划与预防（包括监控环境信息的变化，建立信息系统/预警系统，发展内部沟通的机制）；③危机时的处理（包括评估应对的方案，实施危机应对行动，清除对公司负面影响的信息）；④危机后的恢复工作（包括注意事件各方的反应，监控问题的动向，继续同媒体保持良好的沟通，评估整个危机计划）[24]。

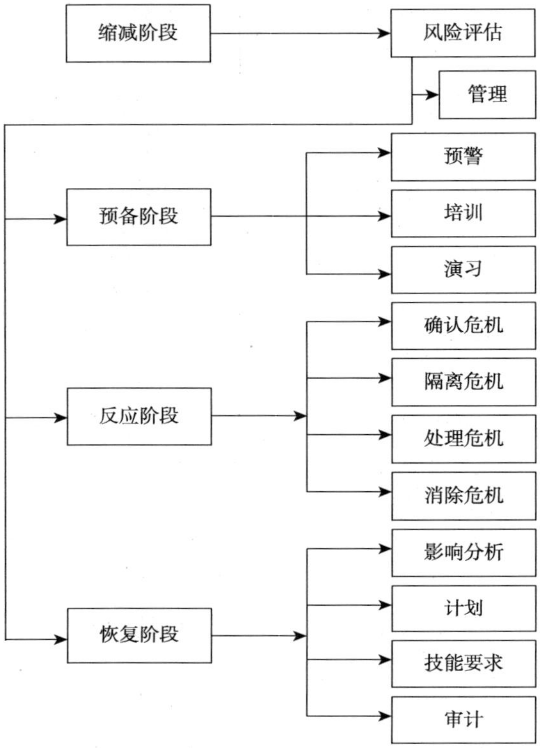


图 2-1　危机管理 4R 模式

Augustine 建立了危机管理六阶段模式（图 2-2），并针对不同的阶段提出了具体的管理建议[56]：①第一阶段，危机的避免。要预防危机，管理者必须竭力减少风险，对于无法避免的风险，必须建立恰当的保障机制。②第二阶段，危机管理的准备。未雨绸缪，企业需要为预防工作一旦失效做好准备，包括建立危机处理中心、制订应急计划、事先选定危机处理小组成员、提供完备的通信设施、建立重要的关系等。在为危机管理做准备时，必须留心那些细微的地方。③第三阶段，危机的确认。企业通过收集各种有效的信息，确认危机已经发生，并找出危机的根源。在寻找危机发生的信息时，需要尽可能倾听不同公众的看法，也可以寻求外部专家的帮助。④第四阶段，危机的控制。需要根据不同情况确定工作的优先次序，尽快将危机所造成的损失控制在最小的范围之内。⑤第五阶段，危机的解决。速度是关键，危机不等人，需要根据危机发生的原因，实施针对性强的危机解决对策。⑥第六阶段，从危机中获利。其实就是总结经验教训，如果一个企业的危机管理的前五个阶段处理得完美无缺的话，第六个阶段就可以提供一个至少能弥补部分损失和纠正混乱的机会。

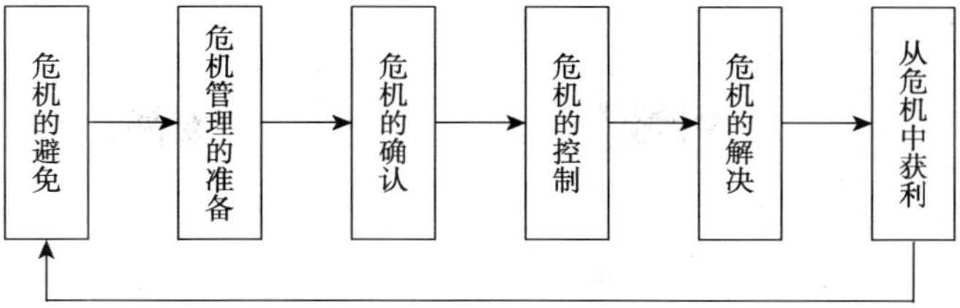


图 2-2 企业危机管理六阶段模式

赵定涛和李蓓指出，企业危机管理需要企业战略、危机管理小组、信息沟通、资源保障和组织文化这五种力共同作用，并对五种作用力及其相互关系进行了研究，五力模型的内存是企业危机管理的预防、处理和评估的过程，具体见图 2-3[57]。

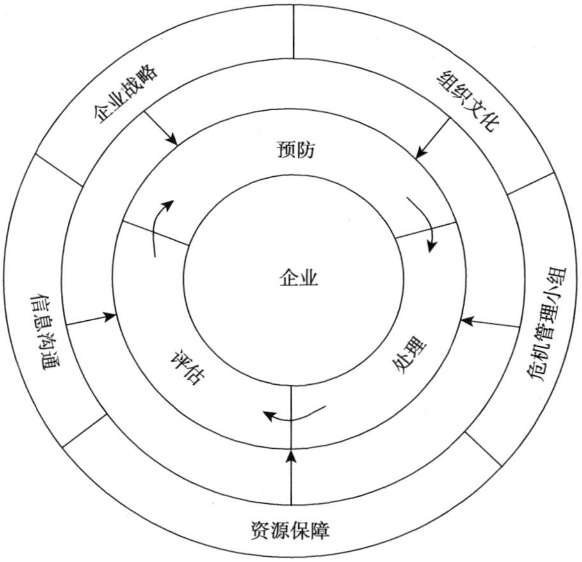


图 2-3 企业危机管理五力模型

何维达等探讨了基于公司治理理论的危机管理模式，他们指出当企业危机发生时，基于公司治理理论的危机管理模式尝试对公司治理结构进行变革和完善，使危机管理涉及的内外部利害相关者在充分获取信息、有效沟通和协调一致的基础上，将企业重新恢复到一个新的均衡状态，以此避免或减弱隐性危机的发生，使显性危机带来的损失降到最低[46]，具体见图 2-4。

周向颖等总结了自然灾害对我国企业的影响，并分析其原因，提出了适合我国企业形式的自然危机管理模式，包括建立危机预警机制、建立危机管理基金、建立和完善危机管理制度、灾区经济开发和树立科学发展观、坚持走可持续发展

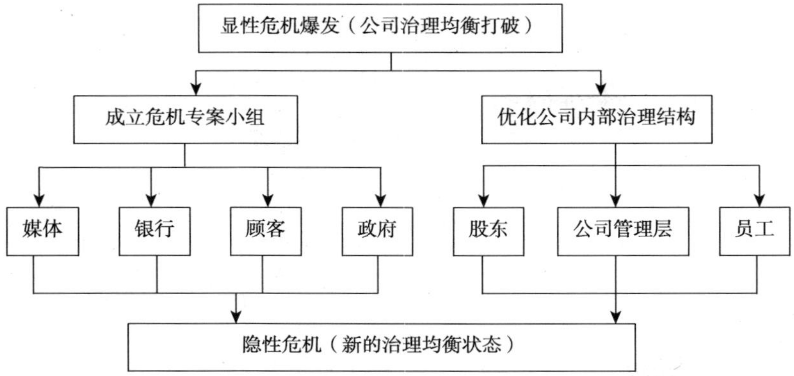


图 2-4　基于公司治理理论的危机管理模式

道路五个层面[58]。

黄玮等提出基于大数据的企业危机管理模式[59]，具体如图 2-5 所示。

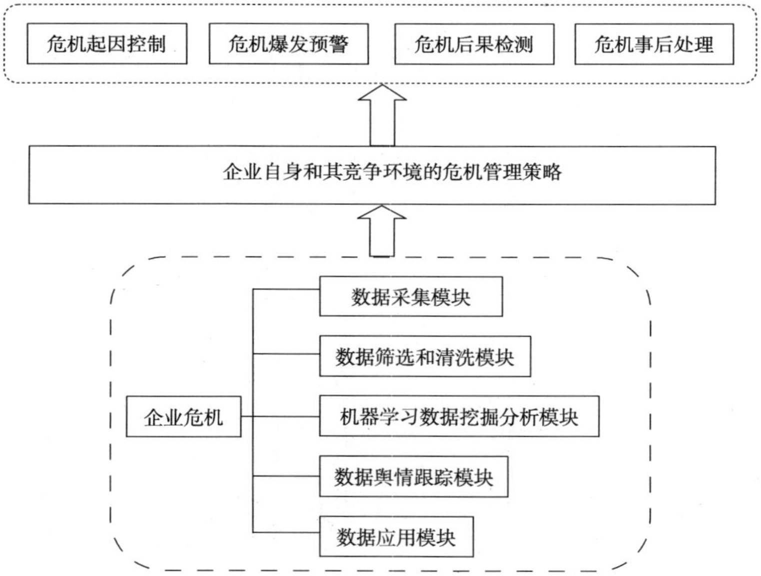


图 2-5　基于大数据的企业危机管理模式

朱春兰指出，“互联网+”给企业带来了巨大的商机，但是任何巨大的商机后面都存在对应的危机，研究“互联网+”平台下企业危机管理模式具有非常重要的意义。他认为，企业要建立一种“互联网+”平台下的危机管理模式以达到处理危机的目的，对“互联网+”平台下企业危机进行了分类，提出战略层面和运营层面的危机，建立企业危机预警机制和构建企业危机预警评价指标体系，并提出处理危机的方法[60]。

从上文的分析可以看出，企业发展过程中，所处的环境从传统环境向网络环境发展，一方面，危机管理的难度越来越大，需要处理的各种信息也越来越多，危机处理的时效性要求越来越高，压力也越来越大，危机管理的模式越来越复杂，也越来越向互联网靠拢；另一方面，网络环境下，能采集到的信息更多了，信息处理更方便了，企业建立自己的危机管理数据知识库也更方便了，也为企业危机预警奠定了基础，从而为中止、化解企业危机提供了新的处理手段。

## 2.3 企业危机预警理论

### 2.3.1 危机预警的理论基础

进入20世纪，在日趋激烈的竞争推动下，风险管理理论、企业诊断理论相继产生，并不断发展、成熟，经济领域也开始围绕预警开展了积极的有益探索，并产生了一定的研究成果，这些都为预警研究的体系化奠定了良好的基础。

1. 风险管理理论

进入20世纪以来，现代工业的高度集中与垄断，跨国公司与集团的大量出现，企业的经营范围不断扩大，各种经济关系日益复杂，竞争相当激烈，使得企业所面临的风险在不断增加。这迫使企业必须全面了解所面临的风险及其处理方案，这也就推动了风险管理的研究。1952年，美国的格拉尔在其调查报告《费用控制的新时期——风险管理》中首次提出并使用了“风险管理”一词。英国经济学家莫伯瑞和布兰查德在1955年出版的《保险论》中首次对风险管理进行了系统性研究。风险管理在企业中的应用于1963年由麦尔和海因斯合著的《企业风险管理论》中得到重视。到了20世纪80年代，美国系统地开展了对风险管理的研究，在美国保险管理协会的推动下，风险管理教育在美国风行起来。到20世纪90年代，风险管理在世界范围内得到迅猛发展，形成一股全球性的热潮。

威廉姆斯和海因斯在1964年出版的《风险管理与保险》中认为，风险是“在给定条件下和特定时间内，那些可能发生结果之间的差异”，而且差异越大，风险越大；差异越小，风险越小。如果发生结果的期望值相同，差异的大小就由其标准差描述；如果在期望值不一样的状况下，就采用变差系数来描述风险[61]。因此，所谓风险，应至少包括三个方面的内容：一是事故发生的不确定性；二是已经发生的事故本身，其可以分为三个层次的事故，即意外事故、偶然事故与危机，其发生具有不可测性、突发性、异常性、持续性与损失巨大等特征；三是风险事故发生的条件、状况、原因和环境。

根据解释不同，风险管理学说分为诸多学派，其中最具有代表性的是美国学派和英国学派，其他各学派都是他们的分支，或在此基础上派生出来。美国学者通常从狭义的角度解释风险管理，他们把风险管理的对象局限于纯粹风险，且重点放在风险的处理上。例如，威廉姆斯和海因斯提出："风险管理的目的与企业经营的目的是一致的，企业经营的目的是生存、效益与增长及摆脱困境、履行社会责任，因此风险管理是对实际损失和潜在损失的控制。"[62]另外两位美国学者格林和塞宾则认为：风险管理是为了在意外损失发生后，通过恢复财务上的稳定性和营业上的活力实现对所需资源的有效利用，或以固定费用使长期风险损失降到最低程度。英国学者对风险管理的定义侧重于对经济的控制和处理程序等方面。英国特许保险学会出版的《风险管理》教材给其下的定义为：为了减少不确定事件的影响，对企业各种业务活动资源的计划、安排和控制。

从实际研究的着眼点来看，早期的风险管理基本上集中在保险方面，其管理对象是静态风险（纯粹风险）。Mowbray、Blachard 和 Williams 在《保险学》（第六版）中认为，"风险管理的基本职能是对威胁企业的纯粹风险进行确认和分析"[63]。Gallagher 认为风险管理的对象也是纯粹风险，而且认为风险管理就是对风险的认识和控制，并认为风险管理的步骤是：①风险分析；②风险评价；③风险减轻或者防损；④风险转嫁；⑤风险计算[64]。威廉姆斯和海因斯也认为风险管理的对象是纯粹风险。他们在 1964 年出版的《风险管理与保险》中认为，"风险管理是通过对风险的识别、衡量和控制，以最低的成本使风险导致的各种损失降到最低程度的管理方法"。他们提出风险管理的过程包括五个步骤：第一步是风险的确认，第二步是风险的测定，第三步是选择适当的手段及采取最佳手段的决策，第四步是选择手段的实施，第五步是对实施效果的评价。他们还认为管理风险可以采取五种手段，即风险的回避（avoidance）、损失控制（loss control）、隔离（separation）、结合（combination）和转嫁（transfer）。

目前的风险管理理论逐步与保险学分离，进入人们生活的很多层面，在理论上定义为全面的风险管理。Haimes 在 1992 年强调全面风险管理的重要性，并提出建立一个全面的、需要各部门一起推行的风险管理理念，同时还提出企业运作出现错误的四个来源，即硬件失误、软件失误、组织性失误和人为失误[65]。

全面的风险管理主要是对各职能部门进行风险管理，从战略层面到操作层面分层次展开。战略层面具有战略风险，需要战略风险管理；相应的操作层面也需要对操作性风险进行风险管理。基特·塞德格洛夫在《商务风险管理完全指南》中指出，战略性风险包括政府与经济因素（如经济形势发生突变或者政策变动等）、顾客的态度与期望、竞争对手与新技术。他按两种方式对操作性风险进行分类：一是按照风险发生的时间顺序，依次分为供应商风险、企业内部风险、分销风险、顾客风险和竞争对手风险；二是根据风险发生的不同原因及风险对哪些资产产生影响进行分类，可以分为自然灾害、政府行动与经济力量、供应商、顾客、生产问题、偷窃和欺诈、故意破坏和复仇[66]。

### 2. 企业诊断理论

企业诊断是企业管理中的一种参谋、顾问性质的服务活动，是智力专业化的工作。企业诊断于 19 世纪末起源于英国，第二次世界大战后获得了快速发展，目前在诸如美国、日本、欧盟等许多发达国家和地区及中国香港、中国台湾等地区已形成了一个比较大的行业，在学术研究方面也取得了丰富的研究成果。在我国，企业诊断起步于 20 世纪 80 年代，近几年获得了较快的发展，学术界也从不同的角度进行了有益的探索。所谓企业诊断，又称为企业经营管理诊断或企业管理咨询，它是运用一系列分析技术和判断方法对企业经营管理做出的评定和咨询，是促进企业不断改善经营管理的重要措施，是防止企业衰败的自我治理手段[67]。企业诊断能够为企业——尤其是那些被各种弊病困扰的企业及时发现“病情”、找出“病根”、战胜“病魔”，提供切实有效的帮助。

企业诊断为企业提供的是一种无形的产品，包括知识、智慧、技术、经验和判断。其基本原则是使人、财、物在生产经营活动中投入最少，转换最快，生产效益最大，并且以企业内部资源为主来解决企业问题。当然，企业诊断也会按照企业的需求来完成特定的工作。企业诊断的首要任务是为企业选择发展方向，即以现有的技术或市场为中心，对企业今后的业务应朝哪个方向拓展加以明确，有三条思路：一是以现有市场为中心，向技术改良、新技术拓展业务；二是以现有技术为中心，向市场加强、新市场拓展业务；三是追求新市场与新技术以拓展市场。三者之中应取哪条，必须明确[68]。

企业诊断一般包括搜集资料、发现弊病、分析病因、制订治理方案等环节，其关键是正确判断企业存在的弊病，并通过弊病形成机理的分析找出主要病因。企业诊断主要包括以下六个基本方面。

一是企业战略诊断。企业战略诊断一般要解决四个基本问题：①明确企业的战略目标；②制定企业的总体战略；③制定企业的分战略，即为保证总体战略的实现在各个生产经营领域内分别采用的具体战略，如市场战略、竞争战略、技术战略、产品战略、人才开发战略等；④明确企业的战略重点和实施计划。

二是企业组织诊断。企业组织诊断一般要解决四个基本问题：①明确企业的组织目标；②设计企业的组织机构；③确保企业组织的正常运转；④确立企业的组织管理体系。

三是企业的人事管理诊断。企业的人事管理诊断一般要解决四个基本问题：①人力资源管理流程设计；②目标管理方案和业绩评价方案；③职务/工资体系设计；④激励机制设计。

四是企业的市场营销诊断。企业的市场营销诊断一般要解决四个基本问题：①市场研究和营销组合；②营销组织设计；③营销信息系统设计；④销售业绩提升。

五是企业的运营管理诊断。企业的运营管理诊断一般要解决四个基本问题：①生产布局和流程优化；②产品研发管理；③供应链管理；④全面质量管理。

六是企业的财务管理诊断。企业的财务管理诊断一般要解决四个基本问题：①财务管理目标；②筹融资渠道和筹融资方式；③企业成本管理和资金运营管理；④企业资本经营。

目前，用于企业诊断的方法主要有，"从财务、客户、内部业务流程、学习与成长四个方面来衡量企业的业绩，并通过一套具有因果关系的指标体系将企业的战略分解到日常行动中"的平衡记分卡；充分利用精确的数据信息和专家知识及经验的定量分析与定性推理相结合的方法；"根据专家的经验和有关的数学方法，采用评价规模有效性和技术有效性的计算机运算与分析的数学模型"的诊断专家系统；从功能角度对关键因素进行可拓变换、寻求企业诊断办法和途径的系统物元法；等等[69]。

一般来说，企业诊断的作用主要表现如下：

（1）为企业排忧解难，协助其改进、改革，提高经营管理水平和经济与社会效益；

（2）把以管理科学为主的多学科的理论、知识与方法应用于企业，与企业一起将其转化为现实生产力；

（3）配合国家和地方贯彻与企业有关的各项方针政策，发挥作为宏观间接管理和指导手段的作用；

（4）促进企业作为"企业市民""生活者"，站在可持续发展的高度，开展与社区共生、与环境共生、与地球共生的生产经营活动；

（5）通过向政府等有关机构反馈在企业现场掌握的第一手信息（不涉及企业机密），促进有关企业的各种政策措施的完善和效率化；

（6）在企业诊断实践中提高诊断人员的素质，根据环境变化调整、完善企业诊断事业。

### 3. 经济预警理论

预警最先出现在军事领域，如今已在社会政治、宏观管理与环境保护、经济各个领域得到了广泛的应用。经济预警包括宏观与微观经济预警，它属于经济学的新领域，至今还没有形成成熟的统一理论，不同地区乃至同一地区的不同学者看法各异。从广义上讲，经济预警是对表征经济活动过程和现状的一系列经济指标进行的监督和量测，并依据对过程规律性的认识，从监测结果出发，对经济活动未来可能发生的转折和重大变化提出警报。从狭义上讲，经济预警则是研究经济波动，特别是景气循环这一特定经济现象而建立的一套方法体系。

经济预警的思想产生于19世纪末20世纪初，由法国学者在1888年巴黎统计学会上用不同颜色对经济运行状态进行气象研究开始的。之后，法国政府又于1911年设置常设的经济恐慌委员会。美国学者 1909 年开始编制经济活动指数，1919年开始定期发布美国一般商情指数（哈佛指数）。严格地讲，经济预警的正式产生在20世纪30年代，即在哈佛指数未能预测出1929年的资本主义第一次经济危机之后，人们才开始关注宏观经济预警。此后，又出现扩散指数、合成指数、警告信号灯等多种景气分析方法。此外，预警方法也有了很大的发展，从线性分析方法到非线性分析方法，从确定性问题的单值分析到模糊现象的范围分析，从单一方法的运用到多种方法的综合，等等。总之，经过近百年的发展，预警方法已经越来越成熟，并且将进一步完善。

国内的经济预警研究起步较晚，初期仅限于对国外预警研究方法的介绍和借鉴。从20世纪80年代中期开始对宏观经济监测预警系统的研究，此后预警系统的研究与应用逐渐推广开，研究内容从宏观经济预警扩展到微观企业预警，研究方法由最初以定性为主，逐渐发展到定性与定量相结合。

一般来说，经济预警完整的逻辑体系应包括四个部分，即建立指标体系、选择预警方法、发现警兆、分析并排除警情。

一是建立指标体系。建立指标体系实际上就是明确预警的对象——经济运行状况，其本质就是用一组经济指标来描述经济运行状况。

二是选择预警方法。目前常使用的预警方法可以分为三类：第一类是指标类预警，其基本思想就是挑选能够反映经济发展的指标，生成新的综合性的指标，利用经济的循环波动性，监测当前经济发展状况；第二类是统计预警法，在经济预警中常使用的统计方法主要有判别分析，另外因子分析方法也常常用来对多指标进行预处理；第三类是模型预警法，主要使用自回归条件异方差模型预警与人工神经网络（artificial neural network，ANN）模型预警，以及针对此类方法的一些改进。

三是发现警兆。发现警兆的关键是定义警度。从最早的经济预警研究开始，一般把警度分为五个警线，用一组类似于大家熟悉的道路交通管制中的红色、黄色、绿色信号灯为标识，向社会各界发出反映当前经济运行状况的不同信号。

四是分析并排除警情。分析警情是预警过程中的关键环节。发生警情，一般会有三个原因：第一个原因是自然因素发生较大变化，如发生自然灾害，某种资源突然短缺，等等；第二个原因是国际社会发生比较大的动荡，如对外经济关系发生变化等；第三个原因是国内经济原因，即国内经济发展发生重大变化，如宏观监控不力导致资源分配不均，宏观政策制定，等等。

### 2.3.2 预警的相关概念

1. 预测

预测是指人们对客观事物未来发展的预料、估计、分析、判断和推测。对于现代管理来说，加强预测是提高管理应变能力的需要。预测主要解决两个基本问题：第一，在一定时期内管理活动可望达到什么水平，即目标规定的任务能完成到什么程度；第二，能获得多少资源来支持实现目标方案的各种活动，即人力、物力、技术、时间、信息等资源可以筹集到多少。预测是决策的前提。科学预测是正确决策的依据。常用的定性预测方法有头脑风暴法、德尔菲法等。最为常见的定量预测方法有时间序列法、回归分析法、相关关系法等。但预测结果受到很多因素的影响而具有不确定性，如企业突然的重大人事变动、重大投资活动、国家经济政策调整等。而且，企业不能根据预测结论来判断未来的风险程度。

2. 预警

预警一词是从军事术语演化而来的，它指通过各种手段提前获取信息并经过分析、判断等预知敌方的动态，给予动态分类定级并由总部决策，以便提前采取行动来应对敌方可能的行为。随着社会的发展，军事预警逐步推广到社会的各个方面，并得到广泛和深入的应用，如在社会稳定、政治局势、宏观经济管理、生态环境保护与管理、微观经济各个主体的核心活动等方面。预警一般是建立在预测的基础上，利用指标和发展趋势预测未来的发展状况、度量未来的风险强弱程度，并由决策人员及时采取应对措施以规避风险，减少损失。

3. 预警系统

预警系统是应用预警理论和其他数据处理工具、预测模型，通过建立一套能感应危机来临的信号，在危机来临时尽早发现，并能判断这些信号与危机之间关系的系统。最早的预警系统出现在军事领域，美国与苏联争霸，建立了空间侦察预警系统，美国的战略预警系统由此而传世。战略预警系统是指某个国家或国家集团为早期发现、跟踪、识别和报知来袭的战略武器而建立的系统，是国家防御体系的重要组成部分，是防备突然袭击的第一道防线。随后，预警系统在交通运输、食品安全、防灾、金融、生产、财务等领域得到了广泛开发和应用。一般来说，预警系统结构包括预警信息、预警指标体系及反馈系统、预警结果评价系统等组成部分。

### 2.3.3 企业危机预警的含义

任何事物都不会空穴来风，多数危机在爆发前都有或多或少的信号征兆，只是在危机真正爆发之前，这些蛛丝马迹的危机信号往往难以引起人们的注意和足够的重视而已。“凡事预则立，不预则废”，现代企业要想在商场中有更高的胜算，就必须具有强烈的危机意识，居安思危、未雨绸缪，必须充分考虑和重视企业的危机管理问题，企业危机预警现已成为企业实践者和管理学界共同关注的一个热点领域。

对企业而言，危机预警研究的是企业预防危机、应付危机、解决危机的手段和策略，其最终目的是通过设计企业危机预警分析指标，增强企业的免疫力、应变力和竞争力，保证企业处变不惊，做到防患于未然。

希斯认为，现代企业在复杂多变的商业环境中运营，时时刻刻都面临着威胁，并且随着经济社会的发展，危机的种类及发生的概率和频率有不断增加的趋势[55]。企业危机的高频发生和破坏性使得战略决策者日益关注运用预测技术对危机进行早期预警以便及时控制。企业危机预警就是采用一定的手段，监测特定环境，从而对每个细小的不良变化都会有所洞察，并向其他系统或负责人发出信号的过程。

Cynthia 认为，企业危机预警是在企业风险识别、评价之后，对未来的危机进行预测，并对可能发生的危害事件进行判断、报警的过程。它一般包括两个阶段：一是预测阶段，即由现在已知的数据推测未来企业发展的趋势；二是判别报警阶段，即根据预测结果判断企业是否会出现危机[35]。

刘刚认为，企业危机预警，就是企业采用定量与定性结合的方法，对危机的诱因及危机的征兆进行事先的监测与评判，并由此发出危机警示的管理活动。危机预警是危机预控的基础[15]。

孙星等指出，企业危机预警是对可能发生的、会影响企业生存发展的危害事件进行判断、报警的过程，预警的关键是危机等级的识别[70]。

陈青姣则认为，企业危机预警是根据企业危机前兆，查找导致前兆的根源，控制危险事态的进一步发展或将危险事件扼杀于萌芽状态，以减少危机的发生或降低危机危害程度的过程。企业危机预警的目的是减少危机的发生或降低危机的破坏程度，实现企业的持续经营[71]。

王知津和徐日明着重强调危机预警的绩效事关企业的生存与发展，是企业危机管理的核心组成部分[72]。

王克平和蒋玲认为危机预警是在企业危机发生前对其诱因进行监测、分析与评判，并根据评判结果做出危机警示的管理过程[73]。

成志强认为危机预警是危机管理的重要组成部分，是企业充分利用自身资源，对潜在的危机征兆及诱因采取一定的手段，监测、分析、评估、识别危机信号并发出警报的管理行为[74]。

王晓慧等认为危机预警作为危机管理的核心组成部分，是指管理者利用一定的手段和技术，对可能引起危机的相关因素及其环境变化征兆的信息进行全面搜集、监测、分析与评判，并向企业发出警报和信息预测的过程[75]。

虽然企业危机预警还有待进一步研究，但对于企业危机预警的作用或功能，国内外的研究者一致认为，企业危机预警具有以下基本功能：

（1）监测功能。监测即跟踪企业研发、生产、营销、客户服务的全过程，将各个过程的实际情况同企业预定的目标、计划、标准进行比较和分析，当威胁企业运营的关键因素出现时，危机预警系统可以提出警告，让经营者尽快寻求对策，以避免或减少损失。

（2）评价功能。企业危机预警能及时评价企业目前或未来的经营状况的好坏。科学的危机预警系统应是企业充分认识自身的经营状况并做出合理判断的工具。它能客观地反映企业的基本特征，全面综合地评价企业经营状况。

（3）预测功能。企业危机预警系统应该能根据企业经营状况的单项或综合评价指标的时间变化规律，在一定时期预测单项或综合评价指标值，使企业对未来情况进行模拟、评价，为企业行为提供决策依据。

（4）诊断功能。通过对跟踪、监测的结果进行对比分析，运用现代企业管理技术、企业诊断技术对企业营运状况的优劣做出判断，找出企业运行中的弊病及失误，为危机预防打下一个良好的基础。

（5）治疗功能。针对诊断出的企业运行中的弊病、失误，经营者及时采取措施，对症下药，纠正偏差，使企业经营恢复到正常运营状态。

（6）健身功能。通过危机预警系统对企业以往运营的监测、诊断、偏差纠正的数据、措施进行总结，作为未来类似问题的前车之鉴，并把企业以往纠正偏差或错误的经验、教训转化成企业管理活动的规范，避免类似与同样错误的重犯，提高企业的免疫能力，进而达到健康发展的目的。

## 2.3.4　企业危机预警的基本模型

关于企业危机预警的模型研究有很多，主要都是从定量和定性两个方向展开研究分析的，学者们根据不同的研究个体选择不同的方法建立模型。从国外的研究成果来看，目前企业危机预警更多的是偏重从财务的角度、以定量的方式来探讨预警策略。但是，财务角度仅是企业自身所掌握的数据，或可以认为是导致企业危机的内部因素之一，而企业内的一些非财务因素和外部环境也可能是企业危机的诱因，因此，定性预警模式也在企业危机预警中有着广泛的应用前景。

1. 定性预警模式

定性预警模式主要是结合一些相关的非财务因素进行定性分析，充分估计各种不利因素对企业经营状况的影响，以更好地预测企业危机发生的可能性。从通常意义上来看，企业危机定性预警大体可以从宏观环境状态、行业状况、市场状况、企业管理水平等因素范畴予以开展。

（1）宏观环境状态。宏观环境状态主要包括经营地域所在市场所处的政治环境、法律环境，当地的经济环境、文化环境、科技环境、资源环境等。一般来说，国家政局稳定，政策透明、公平，政策优惠，经济繁荣，会有利于企业的经营发展。而经济环境变化、国家经济政策调整会直接或间接地对企业产生影响。例如，通货膨胀时期，利率提高会增加借款企业的利息负担，不利于其经营。此外，国家的财政税收政策、产业政策等变化也会对企业经营产生直接影响。同时，宏观经济的发展一般都会表现出一定的周期性，又称为商业周期，是指总体经济活动中扩张和收缩的交替，即国民生产总值的周期性盛衰消长，这也是市场经济的一大特征。经济周期一般包括衰退、萧条、复苏和高涨四个阶段。当宏观经济处于衰退和萧条时期时，国民经济就处于危机之中，同时会有大批量的企业破产和严重的失业[76]。

（2）行业状况。每个行业的兴起、发展、成熟、衰退都有一定的周期性规律。当行业发生危机时，该行业内的企业往往浩劫难逃，很难避免危机的发生，这也是许多企业运用行业危机来预警企业危机的重要理由。行业出现危机，可能是宏观经济环境影响的结果，也可能是行业内部竞争加剧或结构失衡的缘故，导致行业总生产能力相对于市场需求总量过剩的结果，但无论如何，行业发生危机往往会给企业带来危机。因此通过关注行业的发展状态，对企业经营状态进行预警，也是许多企业目前采取的一种预警措施。另外，行业不同，企业的风险也是不同的。例如，有些行业与其他行业联系紧密，其市场需求易受其他行业的盛衰影响，其经营风险就较大。此外，同一行业所处发展阶段不同，经营风险也不尽相同。

处在行业成长上升阶段的企业，风险小些，而在成熟和衰退阶段，风险就大些。

（3）市场状况。市场状况的预警主要考察消费者的需求状况，市场竞争的激烈程度，企业的技术开发能力与生产能力，产品的质量水平与市场竞争区位，企业的产品价格、技术、质量对市场需求的满足程度，等等。适销对路或竞争对手少，风险就小，反之风险就大。

（4）企业管理水平。缺乏管理经验、管理素质低下是造成企业经营危机的主要原因。管理水平高的企业，各项制度健全，系统运转良好，功能发挥正常，经营状况良好，其发生经营危机的可能性较小。此外，管理上如能对外界市场条件的变化迅速、有效地做出反应和调整，企业往往能减少甚至避免危机的发生，走向成功。

2. 定量预警模式

定量预警模式通过收集企业所掌握的财务、销售、生产、技术开发等数据，建立在数学模型的基础上，从数量关系上表现危机程度，使危机预警摆脱单纯的定性解释，具有科学的量化依据，对于危机预警的发展是一个很大的进步。目前国外学者提出的主要定量预警模式如下。

1）单因素变量预警模式

单因素变量预警模式是指运用单一变数，用个别财务比率来预测企业危机的方法。Fitzparick 最早进行单因素变量破产预测研究，他利用公司的财务报告数据来评价公司的业绩和财务状况，于 1932 年提出了单因素变量的破产预测模型。他以 19 家企业为样本，运用个别财务比率，将样本划分为破产与非破产两组。通过研究发现判别能力最高的指标是净利润/股东权益、股东权益/负债[77]。

Beaver 提出的一元预警模型是利用二分类检验法，在企业危机之前的各年中不分正常公司或危机公司，计算所有样本企业的特定财务比率值，然后按照该比值的大小排序，以观察危机企业和正常企业财务比率的分布状况，并从中寻找分割点，使得错误分类的百分比达到最小，用这一方法得出的分类错误率最小的财务比率即最佳预测变量。他比较研究了 1954~1964 年的 79 家失败企业和相同数量相同资产规模的成功企业，他认为预测企业财务失败的比率有：债务保障率=现金净流量/债务总额；资产收益率=净收益/资产总额；资产负债率=负债总额/资产总额；资产安全率=资产变现率−资产负债率。使用这些财务比率对 158 家公司进行一元判定预测，发现债务保障率预测效果最好，资产收益率次之，资产负债率再次。跟踪考察企业时，应对这些比率的变化趋势予以特别关注。一般来说，陷入财务危机的企业，这几个比率的特征是：低于行业平均水平；不断下降；具有长期趋势而非偶然。

单因素变量预警模式较为简单，但不能综合说明企业整体的财务状况，其缺点是：其一，只重视一个指标的分离能力，如果经理人员知道这个指标，就有可能去粉饰这个指标，以使企业表现出良好的财务状况；其二，如果使用多个指标分别进行判断，这几个指标的分类结果之间可能会产生矛盾，以致无法做出正确判断[78]。

2）多元线性预警模式

多元线性预警模式，最早是由美国纽约大学斯特恩商学院奥特曼教授于1968年在《金融杂志》上发表了《财务比率，判别分析和公司破产的预测》一文提出来的,奠定了多变量财务预警模型的理论基础[79]。通常称为Z-Score模型或 Altman（奥特曼）模型，采用统计学中的判别分析法构造的用五项财务指标的加权平均数计算的预测破产的量化模型。

其判别函数为

$$Z = 0.012X_1 + 0.014X_2 + 0.033X_3 + 0.006X_4 + 0.999X_5 \tag{2-1}$$

式中，$X_1$为营运资产/总资产；$X_2$为留存收益/总资产；$X_3$为息税前利润/总资产；$X_4$为权益的市场价值/债务的账面价值；$X_5$为销售额/总资产。

一般来说，$Z$ 值越低企业越有可能发生破产。奥特曼经过几十年的研究提出了判断企业破产的临界值：如果企业的$Z$值大于2.675，则表明企业的财务状况良好，发生破产的可能性较小，银行的信贷资产是有保障的；若$Z$值小于1.81，则企业存在很大的破产危险，银行的信贷资产面临着较大风险；如 $Z$ 值处于 1.81~2.675，表明企业的财务状况是不稳定的，奥特曼称之为“灰色地带”。$Z$指标模型预测企业未来一年内破产的准确性约为90%，两年内的准确性约为80%，但对于两年期以上的破产预测作用不大。

多元线性预警模式从总体宏观角度检查企业财务状况是否呈现不稳定的现象，几乎包括了所有预测能力很强的指标，舍弃了一些不重要的因素，并且应用十分方便，克服了单因素变量预警模式需要很多指标和对比分析并要求分析人员具有很高的专业水平的缺陷，从而有利于提前做好财务危机的规避或延缓危机发生的准备工作。但其变量和判别标准的确定却很困难。一是奥特曼公式仅是一个经验公式，奥特曼未能从理论上证明为何要选择这五个指标及每个指标所占比重的合理性；二是由于企业规模、行业、地域、国别等诸多差异，多元线性预警模式在财务管理文献中有数种之多，应根据企业的自身情况和特点选择应用；三是工作量比较大，研究者需要做大量的数据收集和数据分析工作[80]。

3）多元逻辑预警模式

多元逻辑预警模式的目标是寻求观察对象的条件概率，从而判断观察对象的财务状况和经营风险。该模式建立在累计概率函数的基础上，不需要自变量服从多元正态分布和两组间协方差相等的条件。Logit 预警模式假设了企业破产的概率 $p$（破产取 1，非破产取 0），并假设 $\mathrm{Ln}[p/(1-p)]$可以用财务比率线性解释。假

定 $\mathrm{Ln}[p/(1-p)]=a+bX$，根据推导可以得出 $p=\exp(a+bX)/[1+\exp(a+bX)]$，从而计算出企业破产的概率。其判别方法先是根据多元线性预警模式确定企业破产的 $Z$ 值，然后推导出企业破产的条件概率。其判别规则是：如果 $p$ 值大于 0.5，表明企业破产的概率比较大，可以判定企业为即将破产类型；如果 $p$ 值低于 0.5，表明企业财务正常的概率比较大，可以判定企业为财务正常。

Logit 预警模式的最大优点：不需要严格的假设条件，克服了线性方程受统计假设约束的局限性，不需要满足正态分布和两组间协方差矩阵相等的条件，得出的结果直接表示企业发生财务失败的可能性大小，操作简单，结果明了。目前，该模式的使用较为普遍，但其计算过程比较复杂，而且在计算过程中有很多的近似处理，这不可避免地会影响到预测精度[81]。

4）多元概率比（probit）回归预警模式

probit 回归预警模式同样假定企业破产的概率为 $p$，并假设企业样本服从标准正态分布，其概率函数的 $p$ 分位数可以用财务指标线性解释。其计算方法和 Logit 很类似，先是确定企业样本的极大似然函数，通过求似然函数的极大值得到参数 $a$、$b$，然后利用公式 $p=\int_{-\infty}^{a+bX}\left[1/\sqrt{2\pi}\exp\left(-t^2/2\right)\right]\mathrm{d}t$ 求出企业破产的概率。如果概率 $p$ 小于 0.5，就判别为财务正常型；如果 $p$ 大于 0.5，则为即将破产型。

应用 probit 回归预警模式进行财务预警，计算比较复杂，需要具有相当的数学基础，并且对样本的选择受到对总体概率估计的限制。此外，其应用同样有先验概率估计和误差估计的问题，分析成本较高[82]。

5）人工神经网络预警模式

该模式是以工程技术手段及相应的数学模型来模拟人脑神经网络的结构与功能特征，并对复杂的社会经济系统进行预测的方法。人工神经网络作为一种平行分散处理模式，是对人类大脑神经运作的模拟。人工神经网络除具有较好的模式识别能力外，还可以克服统计方法的局限，因为它具有容错能力和处理资料遗漏或错误的能力。最为可贵的是，人工神经网络还具有学习能力，可随时依据新的数据资料进行自我学习，并调整其内部的储存权重参数，以应对多变的企业环境[83]。该模式把系统看作一个黑箱，并列出输入要素和输出要素，寻找引发企业危机的因素，已知信息因素采用显节点，未知的因素采用隐节点，建立神经网络模型。对数学模型进行求解预测，将预测结果与报警标准进行比较，以发出警报。

6）联合预警模式

联合预警模式是运用企业模型来模拟企业的运作过程，动态地描述财务正常企业和财务困境企业的特征，然后根据不同特征和判别规则，对企业样本进行分类。该模式运作的关键是准确模拟企业的运作过程，因此，它要求有一个基本的理论框架，通过这一框架来有效模拟企业的运作过程，从而能够有效反映和识别不同企业的行为特征、财务特征，并据此区分企业样本。联合预警模式的最大优点是，克服了财务预测模型只运用财务指标的片面性，能够动态模拟和反映企业经营过程中的方方面面。只用财务指标有很大的局限性，它只能计量企业运营的财务结果，遗漏了很多事关重大但未能在财务中得到体现的非财务信息，如人力资源状况、企业发展战略、企业地理位置等[84]。

7）基于熵理论预警模型

熵在财务危机预警方面的应用，最早的是 Theil 和 Lev，他们利用申农的信息熵理论进行实证分析，证明财务危机企业与正常企业在资产和权益结构上不同，说明利用信息熵进行财务危机预警的可行性。熵是描述与系统要素的某一宏观组织（或结构）状态对应的微观状态的不确定性，它既与该宏观状态下的微观状态数有关，亦与不同微观状态下出现的概率有关，反映了系统组织要素之间的现实联系。企业作为一个系统，不仅企业本身由相互联系、相互作用的若干部分（要素）组成，而且企业与其所处的外部环境之间关系比较复杂，企业需适应环境并与外界环境发生物质、能量的交换。

财务危机预警不应局限于某一统一的模型或统一的判别标准，而应随着不同企业、企业所处的不同环境而改变，而利用熵原理进行企业财务危机预警研究正是根据该原则来进行的，每次对企业的预测都是根据具体情况来进行的。从熵的内涵看，它是一种不确定性程度的度量，它的值越大，则说明评价对象提供的信息量越少，也即意味着我们对要决策的问题了解得越少。因为风险或危机是与不确定性紧密相连的，而熵在本质上是不确定性的体现，财务危机预警应用熵值法进行预警也即根据可能发生财务危机的公司和财务状况健康的公司的一系列财务或非财务指标提供的信息量，来确定指标的重要程度并决定指标的取舍。如果指标的熵值较大则表明该指标在各个评价对象中差异性较小，指标就相对不重要，相对得到的熵权（即权重）就较小，则对评价对象综合值的影响较小；相反，熵值较小的指标对于区分财务危机公司与正常公司的作用较大，因而可以作为财务危机的预警指标。将指标矩阵与得到的熵权相乘可得评价对象的综合值，对公司综合值进行排名以比较各企业的相对危机状况。

# 3　网络环境下的企业危机类型分析

企业危机种类繁多，覆盖范围广。从不同的角度、依据不同的标准来区分不同类型的危机，有助于企业对其生产经营状况实现多维度、全方位、立体化了解。根据不同类型的危机有针对性地制定和实施危机预防与处置对策，在关键时刻能有效扭转危机局面，改善组织的公共关系状态。按照导致危机生成的一般诱因，可以将企业危机划分为内生性危机、外生性危机和混生性危机。

## 3.1　企业内生性危机

企业的危机虽然通常是外部经营环境变化和内部管理不善综合作用的结果，但往往起决定作用的因素是企业的内生性原因。正如唯物辩证法所言：内因是事物发展的根据，决定着事物发展的基本趋向；外因是事物发展的外部条件，对事物的发展起着加速或延缓的作用。企业中常见的内生性危机可以划分为企业人才危机、企业经营管理危机、企业技术危机、企业财务危机、企业信息危机和企业决策危机六种类型，这些危机主要是企业内部管理中存在的缺陷和失误造成的。

### 3.1.1　企业人才危机

企业人才危机，主要是指企业在扩大规模的过程中出现的人才流失与储备不足的情况。人才是企业经营发展的基础与核心动力所在，是推动企业实现战略目标和可持续发展的根本保障；因此，企业应当加强人才危机管理，以最大限度减少企业人才危机发生的可能性。企业应当及时监测外部劳动力市场的发展变化和企业内部管理制度给员工稳定所带来的各种影响，制定并实施消除不良影响的人力资源管理制度和措施，以保持企业人才队伍的稳定，减少人才的流失。

企业人才危机主要包括三种类型：人才数量危机、人才胜任力危机及人才成长危机。人才数量危机是指企业发展规模与现有人才数量之间不相符，即人才短缺现象。在企业转型和发展的过程中，需要依靠多元化（科技研发、市场销售、企业管理等）的人才队伍，一旦出现人才短缺情况，企业的转型和发展都会受到阻碍。人才胜任力危机是指个人的能力、技能或者性格不符合所从事工作的要求，以致无法按时完成高质量的工作任务。通常表现为个人工作态度消极、团队合作精神缺乏、工作经验不足或者沟通能力较弱等。企业雇用人才付出了相应的成本，将人才与工作岗位匹配才能实现企业及个人的利益最大化，否则会给企业或者个人带来相应的损失。人才成长危机是指人才无法跟上科技迅速发展的步伐，并且缺乏一定的学习发展精神，从而造成个人技能与知识的落后。科技改变世界，也改变着企业的生产运营和发展。如果企业中的人才不主动学习新知识、新技能，他们就无法适应企业与市场的变化，也无法得到自身的发展提升，更无法为企业做出相应的贡献。

企业之所以会发生人才危机，主要有四个原因。一是企业的人才引进机制不完善。外来人才的引进对于企业的发展至关重要，企业应当“不拘一格”、多渠道选聘各类人才。企业应当在传统招聘选拔制度的基础上，更多采用机制灵活的柔性引进方式；应当打破人才流动中的各种刚性制约，灵活引进企业所需人才。二是企业的人才培养机制不完善。企业应当建立健全人才培养机制，制订有效的人才培养和开发计划，培育和壮大企业的战略后备人才队伍，建立企业人才梯队，通过内部培养为企业的可持续发展提供智力资本支持。企业应当根据不同类别、不同层次人才的特点，“量身定制”培养计划；通过技能培训、学习交流等多种方式，提升人才的综合素质和实践技能。三是企业的人才使用机制不完善。“好钢要用在刀刃上”，人才只有在最适合的岗位上才能最大限度地发挥其效用，进而提升企业的经济效益。对人才的恰当使用，既可以最大限度发挥人才的潜能，又可以为人才的进一步成长创造有利条件。因此，完善人才使用机制，使人才在企业能够“人尽其才、才尽其用”，对于防止人才流失和吸引外来人才加盟具有良好的促进作用。四是企业的人才激励机制不完善。企业要想真正地留住人才，必须要建立有效的人才激励机制。对于人才的激励主要包括物质激励和精神激励两个层面。物质激励是指要根据人才的贡献大小给予其合适的报酬和奖励，对于有突出贡献的人才要予以重奖。精神激励是指企业内部应当营造一种“尊重知识、尊重人才、尊重创造”的文化氛围，让人才充分感受到企业对他们的重视和尊重，为人才营造较高的企业社会地位，增强人才对企业的认同感和凝聚力。

### 3.1.2 企业经营管理危机

企业经营管理危机，是指企业在日常经营活动中因管理不善而造成的危机。具体来说，企业经营管理是指企业基于自身生存发展需要，对其整个生产经营活动进行计划、组织、指挥、协调和控制，并对企业成员进行激励，以实现其任务和目标的一系列工作的总称。企业经营管理旨在合理地组织生产力，实现产、供、销各个环节无缝衔接、相互配合，使人、财、物等各个要素合理配置、充分调用，以尽可能少的劳动消耗和物质损耗，生产出更多符合市场需要的产品。企业的经营管理是一个系统性工程，这个工程内部但凡有一个环节出现纰漏都会给企业自身带来各种各样的危机。例如，小到一个普通员工的操作失误带来的危害，大到因产品缺乏创新而逐渐失去市场竞争优势等。因此，企业的经营管理在某种意义上是对风险和危机进行管理，在不平衡中追求动态平衡是企业经营管理的精髓所在。企业管理者应当对经营管理危机产生的内在机理有一个充分的认知，对症下药，及时采取科学有效的方法和手段来规避危机风险。

计划、组织、领导、控制和创新是一切管理活动最基本的五项职能[85]。可以将管理的五项基本职能作为切入点，来剖析导致企业经营管理危机发生的原因。计划，是企业根据其外部环境和内部条件所制定的未来需要实现的组织目标及该目标的实现途径和行动安排，是企业用文字和指标等形式表述的关于具体行动方向、内容和方式安排的管理文件。企业制订和实施的计划与它的内外部条件不相匹配或者企业管理者在执行企业计划时出现偏差，都有可能导致企业经营管理出现危机。组织，是指企业根据具体工作的要求和人员的特点来设计岗位，用制度规定企业成员的职责及不同企业成员之间的关系，形成一个有机的、可以协调运转的组织结构。企业的组织设计应当遵循因事设职与因人设职相结合原则、权责对等原则及命令统一原则等。如果企业的组织架构没有经过科学、合理的设计，那么将会导致企业经营管理的低效率，进而给企业的发展带来危机隐患。领导，是指企业管理者指挥、带领、引导和激励下属为实现组织目标而努力的过程。领导是企业经营管理过程中的重要一环，领导者的思想素质、业务素质和身体素质等特征都是决定领导效果进而影响企业正常经营运转的关键因素。企业管理者的领导不力可能会使得员工在执行组织计划时偏离组织目标，长此以往，会给企业正常的生产经营带来严重的不利影响，进而引发经营管理危机。控制，是指企业为了保证实际作业与组织计划相适应而采取的一系列措施手段，主要过程为确立标准、衡量绩效和纠正偏差等。企业的控制包括人员控制、财务控制、作业控制、信息控制和组织绩效控制等。科学有效的控制可以确保企业的各项工作按照既定的计划、标准和方法有序实施，防止企业经营危机的发生。创新，是指企业在计划、组织、控制、协调等管理职能方面采用新的更有效的方法和手段，包括目标创新、技术创新、制度创新、组织创新、流程创新、模式创新等各种形式的创新。随着科学技术的迅速发展，社会经济活动空前活跃，市场需求瞬息万变，社会关系日益复杂，这给企业管理者带来了更大的挑战。在这种背景下，如果企业墨守成规、拒绝创新，就会跟不上时代的潮流，甚至被时代淘汰。

企业在生产经营过程中应当采取科学化管理与人性化管理相结合及刚性管理与柔性管理相结合的管理策略。另外，应当建立企业诊断机制，即邀请经营管理方面的专家学者，与企业管理者密切配合，应用科学的方法找出企业经营管理中存在的问题，分析产生问题的原因，并给出相应的对策建议。企业诊断可以帮助管理者及时知晓企业经营管理过程中存在的问题和纰漏，并在最短时间内采取有效的针对性措施；这项工作的完善和落实将会最大限度地降低企业出现经营管理危机的风险，有利于企业的长久化稳定发展。

### 3.1.3 企业技术危机

企业技术危机是指企业技术本身及技术环境中的不利因素积累到一定程度，破坏了企业现有技术的垄断性、安全性、稳定性、可信度及发展的可持续性，使得企业现有技术失去竞争优势，技术的可持续发展受到阻碍[86]。造成企业技术危机的原因有很多，包括企业技术人才缺失、技术研发投入较少、技术缺乏创新及有关技术的激励机制不完善等。在企业经济效益中，企业技术发挥着至关重要的作用，企业竞争力的提高及市场份额的增加都离不开企业核心技术的支撑。

在企业间的竞争中，会出现技术替代影响企业的技术稳定性、知识产权被侵占影响企业的技术专有性、技术泄密影响企业的技术安全性、技术负效应破坏企业的技术可信度等情况，从而导致企业的技术被新技术替代或者被商业盗窃，技术创新成本投入过高却得不到发展和更新，最终严重影响企业的未来发展。相较于西方企业，我国企业更容易出现企业技术方面的问题并产生技术危机，如我国企业技术创新投入不够、技术发展规划不明晰、不够重视技术人才的培养、重视技术的企业文化氛围不够浓厚等。我国企业在发展过程中必须意识到技术的重要性，充分认识企业技术危机的特点，在技术方面加大人力、物力的投入，完善企业技术发展规划及技术人才培养计划，为技术人才的发展创造良好的氛围，真正实现“中国创造”。

企业技术危机主要有五个特点，即相对性、隐蔽性、不确定性、破坏性和渐进性。相对性：由于组织条件的差异，不同规模、不同资产的企业在不同的发展时期，进行技术研发时所要面临的技术风险是不同的，同样的技术会给不同的企业带来不完全相同的经济效益。新技术的出现既给企业带来了发展机遇，也给企业带来了风险和挑战；旧技术会迅速被新技术取代，因此未能掌握新技术的企业极有可能会被淘汰。隐蔽性：企业技术危机具有很强的隐蔽性，不易被企业的管理者察觉，这种隐蔽性在一定程度上也加剧了企业技术危机的破坏性。企业技术的研发过程发生在保密的环境中，如果企业正在研发的新技术被竞争对手窃取并推广，这意味着企业为技术研发投入的成本将成为沉没成本，无法为企业带来利润增值点，这将会严重影响企业的正常运营和发展。不确定性：由于有限的认知和社会发展条件，人们只看到了技术研发成功的好处，并未看到长远的技术危害；这种技术危害会在何时给企业带来何种程度、何种范围的影响，都具有不确定性。同时，技术人才的培养和发展过程中还存在着许多未知因素，如技术人才流失、商业技术盗窃等，这些也是企业技术危机不确定性的表现。破坏性：企业技术危机的爆发会给企业带来不可估量的破坏和损失，会严重影响到企业正常的生产经营，削弱企业的技术竞争优势，威胁到企业的生存和发展，甚至给国家和社会带来严重的负面效应。例如，核发电技术，它解决了传统发电技术的低效性，大大节省了发电成本；但是一旦出现技术危机，如由于不可抗力等因素造成的核泄漏，将会给企业、社会乃至全人类造成严重后果，具有极大的破坏性。渐进性：所有事物的发展都存在一个从量变到质变的渐进过程。因此，企业技术危机的形成也不是一蹴而就的，它是由技术及其技术环境中的不利因素通过量变累积而渐进形成危机的过程。

### 3.1.4 企业财务危机

企业财务危机是指企业在经营发展过程中可能经历的一种财务状况，包括比较轻微的资金管理技术性失败和极其严重的破产，以及介于两者之间的各种情况[87]。企业财务危机，在某种程度上是对企业影响最大、最直接的一种内生性危机，这种危机一旦出现和爆发，极有可能会对企业的正常运营和发展产生严重的不利影响，甚至直接导致企业的破产和倒闭。因此，企业应当充分认识到财务危机对于企业的危害性；要做到出现危机前及时预警、出现危机后及时干预和处理，这样才能在最大程度上避免和降低财务危机可能对其造成的巨大损失。

不同的机构对于财务危机判定的标准是不同的，如银行对于企业财务危机的认定标准就比较严格，它们会认为企业如果无法按期还清贷款便是出现了财务危机。根据不同程度的外在表现，可以将企业财务危机分为三种类型：①亏损型财务危机，是指以企业发生不同程度的资金亏损为主要表现的财务危机。②偿付型财务危机，是指由于企业无力偿付债务或需要付出极大努力才能偿付债务而出现的财务危机。③破产型财务危机，是指企业需要依靠申请破产才能偿付债务，这是企业最严重的一种财务危机。

企业财务危机是多种因素共同导致，有效识别网络环境中导致企业产生财务危机的因素将有助于企业尽早发现危机，从而及时做出有效决策，避免更严重财务危机的发生。导致企业财务危机出现的原因主要包括三种：内部因素、外部因素及网络环境因素。内部因素主要表现在资产流动性差、资本结构不合理及企业内部治理结构不合理等方面。企业的生产经营活动、投资活动及融资活动等是企业产生现金流的主要环节，而企业财务最终体现为现金流的记录，因此这些活动中的某个环节一旦出现问题就可能会导致企业的财务危机。外部因素主要是指经济周期变化、国家的货币金融政策及担保风险因素等方面。经济周期变化是指经济繁荣与经济萧条之间的变化过程。经济萧条时期，市场的需求会不断降低进而影响到企业的营利能力，同时在一定程度上也加剧了市场竞争，在激烈的市场竞争中宣告破产的企业比比皆是。货币金融政策是指国家制订的与企业相关的银行利息与汇率调整方案。如果国家提高银行贷款利率，会使企业的利息负担增加，企业需要更多的流动资产来偿还债务，这样就加重企业的债务负担和偿债压力，减弱企业资产的流动性。担保风险因素是指企业为其他企业、机构或个人提供信用担保时所承担的负债风险。企业一旦因为信用担保背负债务，则会严重影响到企业财务的正常运转，进而可能产生财务危机；因此，信用担保所带来的负债风险也是企业管理中不容忽视的潜在危机因素。

随着科技的迅速发展，企业的生存环境变得更加复杂，如果企业不能及时根据外界环境的变化采取相应的应对措施，就可能丧失市场，导致财务危机，甚至破产。因此，企业需要进一步加强对于资金的管理，尽可能防止资金链断裂，最大限度地规避财务危机的出现。另外，应当定期评估企业财务风险值，严格监控企业产生现金流及管理现金流的各环节，设立专员密切关注经济周期和国家金融政策的变化，尽量减少企业为他人提供借款或担保业务及提高企业的环境应变能力，从而降低企业财务危机出现的可能，提高企业的生存发展能力。

### 3.1.5　企业信息危机

企业信息危机主要是指企业因自身信息缺乏或信息保护机制不完善而产生的危机。企业信息危机是由于信息在产生、传播及利用的过程中产生失衡而对企业产生严重干扰和威胁的状况。企业自身信息缺乏是指企业管理层未能及时掌握市场中具有高经济价值的竞争情报，这将导致企业内部管理决策出现失误，企业无法适应市场经济的变化并出现危机。企业缺乏良好的信息保护机制，会导致企业内部的重要信息被泄露或被窃取，这将有可能导致企业竞争力下降、市场份额丢失，造成企业信息危机。

企业信息危机主要有四种表现形式：①信息污染。市场信息流中存在着大量的虚假信息、冗余信息、过时信息和垃圾信息，这些信息的存在污染了企业的外部信息环境，影响了企业对于有效信息的正常吸收利用。在互联网时代，大量受到污染的信息通过网络传播，而互联网上传播的这些信息又很难得到有效的监管，因此在网络环境下信息污染现象尤为严重。②信息泛滥。随着互联网技术的迅速发展，信息的流动传播速度大大加快，网络上跟企业经营发展相关的信息急剧上涨，大大超出了企业管理者信息处理利用的能力。如此大量的信息如果不经过有效的组织、分析，就不能做到及时有效地利用，形成了信息资源的巨大浪费，进而产生信息危机。③信息障碍。在信息的传播交流过程中，可能存在许多人为或者客观因素，影响和阻碍信息正常的流通，这种情形就是“信息阻碍”现象。客观因素主要表现在自然语言障碍、交流体制障碍、认知障碍和信息能力障碍等。而人为因素则主要表现为某些企业信息主体基于某种特殊目的（如竞争目的等）而故意造成的信息障碍。例如，一些大型企业利用信息占有上的优势和信息垄断，企图制约其他中小企业正常的经营和发展，从而持续拉大与这些中小企业的差距。④信息泄露。管理人员信息安全素养的缺失、信息保护机制的不完善，都有可能造成企业信息资源的泄露；企业内部关键信息的泄露可能会对企业的发展带来致命的影响。因此在信息时代，企业应当增强管理人员的信息保护意识，提升管理人员的信息安全素养，建立健全信息保护机制，以最大限度地减少企业重要信息、情报的泄露，这样才能使得企业在市场竞争的信息战中占得先机、立于不败之地。

企业信息危机的出现主要有三个原因。一是企业信息人员的信息素质不高、责任感不强。企业需要大量高素质的信息人员来从事信息的采集、整理、组织、加工、分析、传递等相关信息工作，只有这样企业才能从海量的信息流中提取出对企业真正有用的信息和情报。另外，由于信息工作普遍较为枯燥，而且短时间内难以看到显著成效，在这种背景下，企业信息人员自身的责任心便显得尤为重要。因此，信息人员不但要具有良好的知识结构和出众的信息能力，还要具有高度的责任感，这样才能在最大程度上避免信息危机的出现。二是信息技术飞速发展所产生的负效应。信息技术的迅速发展，增强了人类获取、处理和传播信息的能力，同时也在很大程度上促进了信息总量的增长，导致了信息泛滥和信息过剩。同时，信息技术的发展也为大量劣质信息的生产和传播提供了便利性渠道，导致信息污染现象严重，给企业的经营和发展带来了严重的危害。三是国家信息政策法律不健全及企业自身的信息保护机制不完善。信息政策法律制定的宗旨是通过规范信息资源主体的开发、利用活动，来协调和解决信息自由与信息安全之间的矛盾、信息匮乏和信息泛滥之间的矛盾、信息共享与信息垄断之间的矛盾及个体营利性与社会公益性之间的矛盾等。然而，我国与信息相关的立法还不够完善，缺少健全合理的管理措施和相关的政策法规，阻碍了信息化的发展，加大了企业发生信息危机的可能性。另外，如果企业自身内部的信息保护机制不完善、不健全，则极有可能导致企业的重要信息、情报发生泄漏或被其他竞争企业窃取；这种信息危机的出现往往会影响到企业的生死存亡，必须引起企业管理者的高度重视。

### 3.1.6 企业决策危机

对于决策的定义，不同的学者持有不同的看法。有学者认为：管理者从两个以上的备选方案中选择一个予以采纳的过程便是决策[88]。还有学者认为：决策是管理者识别并解决问题及利用机会的过程[85]。本书认为，企业决策是指企业管理者为实现其组织目标，按照科学的程序和方法，从多个备选方案中择优选出一个最佳方案的过程。决策是企业整个经营管理工作的核心，它贯穿于企业管理的各个方面；企业管理的各项职能（包括计划、组织、领导、控制、创新等）都离不开决策的支持。企业在经营管理过程中决策得正确与否，不仅关系到企业各项管理职能的发挥，甚至直接影响到企业的兴衰成败。企业的决策环节一旦出现问题或纰漏，将会引发一系列负面的连锁反应；此时，如果企业不能及时予以有效应对，将会引发严重的经营危机。

出现企业决策危机主要有三个原因：目标动态、环境多变及信息不对称。目标动态是指企业做出某一决策后，既定的商业目标发生了变化，导致需要调整决策。环境多变是指科技的迅速发展使得企业的生存环境多变，企业的决策必须随着环境变化而做出改变，否则就会出现决策危机。信息不对称是指信息的不完全、不及时和不准确导致企业决策出现偏差，因此，做出决策之前要时刻掌握影响决策的动态信息。

企业管理者要想避免企业决策危机的发生，就必须坚持科学决策。科学决策是指决策者在科学的决策理论的指导下，以科学的思维方式，应用多种科学的分析方法和手段，按照科学的决策程序进行的符合客观实际的决策活动。科学决策遵循一整套严密的程序：企业决策者首先需要进行大量的调查、分析和预测工作；其次，在行动目标的基础上确定多种备选方案，从可行性、满意性和可能后果等多方面进行分析，权衡各备选方案的利弊；最后，进行方案择优，并在执行方案后收集反馈信息[89]。需要在整个决策过程中引进现代化的决策技术（如运筹学、统计学、结构分析、计算机模拟等）和决策工具（如电子数据处理系统、管理信息系统、决策支持系统、经理信息系统等）来辅助企业管理者进行科学决策。

科学决策需要遵循以下几个原则：①信息原则。信息是决策的基础和依据，信息的数量和质量直接影响到决策水平。如果与决策有关的信息不完整、不及时或不准确，那么决策者就很难做出准确的决策。这就要求管理者在决策之前及决策过程中尽可能地通过多种渠道收集信息，以满足决策需要。②动态性原则。决策不是一成不变的，它是一个动态的过程。决策者要不断根据企业外界环境和内部条件的变化及时做出适应性调整，以实现组织和环境的平衡。③可行性原则。如果缺乏必要的人力、财力和物力，那么决策方案即使在理论上设计得非常完善，也很难起到作用。决策者不仅要考虑到采取某种行动的必要性，还要注意具体实施条件的限制；应当确保做出的决策在操作层面具有可行性，保证决策能够予以执行。④反馈原则。反馈机制的建立有利于确保决策顺利达到预定目标。企业要对决策的实施情况进行跟踪调查，把实施过程中存在的问题及时反馈给决策者，使得决策者能够及时根据情况的变化修正和改善决策；这样可以有效防止决策偏离正确的轨道，保证决策预期目标的实现。⑤集体决策原则。决策的制定应当建立在集体成员分析和讨论的基础上，要在民主的基础上进行集中，以便实现决策的科学化和民主化，避免专制和盲目的决策。同时，集体决策可以充分发挥群策群力的作用，突破决策所需信息量不足的瓶颈，有利于企业在全面掌握情况的基础上做出正确决策。

企业决策危机贯穿于企业发展的始终，科学化决策可以帮助我们更好地应对企业决策危机。另外，有效应对企业决策危机还需要企业人员转变观念、优化决策组织结构、提高决策创新能力及编制决策危机应急预案等。智慧的决策可以帮助企业管理层用正确的思路去发现问题和解决问题，使得企业在发生危机后可以迅速转危为安；而错误的决策对于企业而言则有可能是灭顶之灾。因此，企业管理者在管理实践中应当树立科学的决策理念，采取科学的决策方法和手段，遵循科学的决策程序，建立和完善科学决策机制，在充分征求民意的基础上实现企业决策的科学化和民主化。

## 3.2 企业外生性危机

企业的外生性危机主要是外部经营条件的突变或恶化所致，是外部环境矛盾作用于企业的结果，主要包括产品质量危机、经营诚信危机、企业品牌危机、企业形象危机、经营环境危机和网络舆情危机六种不同类型。

### 3.2.1 产品质量危机

产品质量危机是指因产品质量问题而引发的危及他人财产、健康安全，并在社会中产生一定不良影响，从而对企业的运营、信誉乃至生存产生重大威胁的紧急或灾难事件[90]。产品是企业的灵魂和生命，一旦企业出现产品质量危机而又没有及时采取有效的应对措施，将会使企业的品牌和声誉严重受损，甚至给企业带来“灭顶之灾”。特别是在经济全球化的背景下，产品质量危机事件波及范围更广，给企业带来的危害度更大，因此对企业的产品质量危机预警及应对处理策略提出了更高的要求。

产品质量危机主要有四个特征：①潜伏性。产品质量危机在爆发前会存在潜伏期。在潜伏期内，质量危机往往会出现直接或者间接的先兆；企业应该对某些可能发生质量危机的环节进行定期踩点检测，以便及时发现问题，将危机扼杀于摇篮之中。②突发性。产品质量危机可能会在某个具体时间点突然爆发。这一特点可能会造成企业资源的突然短缺及企业无法正确预测质量危机。企业应该加强培养企业员工的产品质量危机意识和观念，建立质量危机反应系统，避免因为危机的突然爆发而引起混乱。③舆论关注性。产品质量危机一旦爆发，企业往往会成为各类媒体的关注焦点，这种舆论关注性会进一步地放大企业产品质量问题给社会和公众带来的危害性，扩大了质量危机给企业带来的恶果，大大增加了企业处理危机的难度。④破坏性。产品质量危机具有很强的破坏性，其发生后会给企业正常的运营和发展带来极大的负面影响，另外还有可能会给企业带来严重的经济损失。因此，企业必须对产品质量危机提起高度重视，力求做到在危机来临之前或危机初期就及时介入并解决，以最大限度地减小其破坏性。

产品质量危机主要有四个诱因：①企业的生产技术、工艺落后。先进的生产技术和工艺是保障产品质量的决定性因素。一些企业在技术创新方面投入成本较少，导致生产技术和工艺大大落后于其他同行，因此生产出的产品合格率低、质量得不到保证；这种产品一旦流入市场，就会对消费者的权益产生很大的损害，进而会给企业带来产品危机。②企业的生产流程不科学。从原材料的输入到最终产品的输出，包含了原材料采购、研发、生产制造、入库和出库等一系列环节，整个生产流程中一旦有某个环节出现问题，都可能会带来产品质量问题。具有质量问题的产品进入市场后，就可能会引发产品质量危机。③企业员工综合素质不高，产品质量危机意识不足。企业员工的综合素质直接影响到产品质量的高低；

如果员工（特别是技术人员、研发团队）的业务素质普遍较低、产品质量危机意识普遍不足，那么企业的产品质量也将无从谈起。④企业的产品质量管理体系不规范。经济全球化对企业的产品质量提出了更高的要求；企业只有对标先进的国际产品质量标准，建立规范的产品质量管理体系，对产品质量进行全流程、无死角的系统化管理，才能保证产品质量，避免产品质量危机的发生。

有效应对产品质量危机，需要对这种危机的生命周期加以了解，同时还要清楚其生命周期不同阶段下的企业状态。产品质量危机生命周期包括五个阶段，即潜伏期、爆发期、扩散期、转化期和消退期。在产品质量危机潜伏期内，企业处于正常的生产经营状态，但企业内外部环境中存在明显或潜在的危机因子。明显的危机因子很容易被企业发现并消灭，而潜在的危机因子由于正在酝酿、积聚和成长，故隐蔽性很强，很难被企业及时发现。在产品质量危机爆发期内，危机因子完成了从量变到质变的过程，具有突发性和不确定性。此阶段内，企业只要及时采取果断正确的应对措施和处理手段，也可以及时控制质量危机。在产品质量危机扩散期内，产品质量危机成为社会舆论关注的热点和焦点，危机产生的负面效应会疯狂地扩散和蔓延；这时企业如果没能及时有效地采取强有力的应对措施，产品质量危机极有可能会发生严重的、不可逆的失控。在产品质量危机转化期内，产品质量危机有可能会转化为其他危机，给企业的发展带来更多的威胁。此阶段内，企业应当快速启动危机处理系统，协调各种资源，采取各种有效措施来控制危机的发展态势，防止危机管理的失控，尽量使危机带来的损失降到最低。在产品质量危机消退期内，企业采取各种措施和手段使危机消退，使企业得到了缓冲的机会。此阶段内，企业应当针对危机发生的原因及危机爆发前未能及时采取有效措施预防危机发生的原因进行分析总结，并对企业危机管理的薄弱环节进行改进，积极吸取教训，避免此类危机的再次发生。

### 3.2.2 经营诚信危机

经营诚信危机是指企业在生产经营过程中诚信缺失而导致的危机。诚信缺失是当下许多企业都普遍存在的问题，企业在生产经营中不讲市场诚信、互相欺诈、用假冒伪劣产品坑害消费者的情况比比皆是。在这种背景下，整个社会的诚信链条都变得极为脆弱。企业在生产经营中的诚信主要包括两个方面：一是企业对于消费者的诚信，主要表现为：在最大限度上满足顾客的需求、为顾客提供高质量的产品和服务、杜绝唯利是图及欺诈顾客的行为等。二是企业对于社会的诚信，主要表现为：依法缴税、保证履行应尽的社会责任和义务、善待员工和社会公众等[91]。以上两种诚信的缺失都有可能会给企业的生产经营带来严重的危机。诚信是企业之本，是企业管理者必须具备的基本职业道德，是企业的无形资产，是企业能够得到长远发展的特殊资本。经营诚信危机一旦出现，会严重破坏企业先前积累的品牌信誉，将会给企业的进一步发展带来严重的阻碍。

只有认识与把握企业经营诚信危机的本质，才能够为合理解决该种类型危机提出切实可行的建议和措施。造成企业经营诚信危机的原因多种多样，主要有以下几点：①企业诚信文化的缺失。第一，当下许多企业管理者追求“利益至上”的文化价值观，将企业利润放在企业经营发展的首要位置，而利润的获得往往是以牺牲诚信为代价的。第二，企业管理者的诚信观念普遍落后，企业诚信道德环境缺失。因此，企业管理者应当树立诚信意识和诚信观念，在企业内部构建“以诚实守信为荣，以虚假欺骗为耻”的道德环境和企业文化。②企业的内部管理制度不完善。很少有企业在其正式的规章制度中对员工的诚信做出明确的规定和要求，诚信在制度层面上的缺失导致诚信文化在大多数时候只能流于口号。因此，应当加强企业内部的诚信管理和建设，完善相关制度规定，用企业制度的牢笼锁死不诚信行为。第一，将诚实守信纳入企业章程，明确规定员工应当履行诚信义务。第二，加强员工的诚信教育，多组织相关的培训和学习活动。第三，将员工在工作和生活中的诚信行为纳入绩效评价和薪资奖惩的考核中来。③外部监管体制不健全。政府有关部门的监管体制不完善、有法不依、执法不严、奖罚力度不够等都会助长企业的违法、违约行为，进而导致企业出现经营诚信危机。为此，提出三点建议：首先，应当建立健全与诚信经营相关的法律法规，完善惩处造假制度，避免出现无法可依的情况。其次，应当在相关法律法规的执行层面下狠功夫，相关部门要做到执法必严、违法必究。最后，应当建立完善的诚信监督体系、设立专业的诚信评价机构。政府应当为企业和企业相关人员建立诚信档案，设立科学的分类标准和评价指标，以此来推动企业和个人的诚信体系建设。

诚信对于企业来说是一种非常稀缺的资源，它能够帮助企业在市场和社会中树立良好的品牌形象，提升企业的核心竞争力，从而吸引更多的消费者购买其提供的商品或服务。在市场经济不断调整和完善的过程中，不断出现的道德滑坡现象所引发的诚信危机，对企业正常的生产经营活动产生了巨大的冲击。在此背景下，企业经营诚信危机日渐引发企业管理者的高度关注和重视。企业应当充分认识到经营诚信危机对自身经营发展的负面影响与不良后果，从危机的表现形式和产生根源当中总结经验教训，制定相应的应对措施。加强企业的诚信建设需要法治和德治同步进行，以标本兼治的形式推进才会收到实效。除了企业管理者深度参与其中外，还应让全社会各行各业都对其加以关注、予以监督，为企业的诚信运营创造良好的内外部环境。

### 3.2.3 企业品牌危机

企业品牌危机是指由于企业外部环境的变化或企业品牌运营管理过程中的失误，而对企业品牌形象造成不良影响并在很短的时间内波及社会公众，进而严重削减企业的品牌价值，甚至危及企业生存的窘困状态[92]。品牌是一个企业生存和发展的灵魂，是企业重要的无形资产。没有品牌的企业是没有生命力和延续性的。对企业品牌进行塑造，不仅能有效占有市场份额并且获得丰厚的利润回报，更重要的是能得到消费者对品牌的忠诚和黏性，有利于企业的可持续运营和发展。企业要想真正做大做强，必须要重视品牌文化建设，用品牌来打造自己的核心竞争优势。正是因为品牌对于企业有如此关键的作用，一旦出现品牌危机而企业又没能做到及时有效地应对，那么这个企业的形象和声誉就可能会严重受损，顾客对品牌的信任度将急剧下降，企业的发展将会面临巨大的风险和挑战。但是，机遇和挑战往往是并存的，企业出现品牌危机也不一定是坏事情；如果企业能够在第一时间采取有效措施进行品牌危机管理，并在事后对自身出现的问题进行弥补和改进，那么企业就可能给社会公众留下一个良好的印象，有可能最终赢得更大的品牌发展空间。

按照危机的形态进行分类，可以将企业品牌危机分为突发型品牌危机和渐进型品牌危机两种类型[93]。突发型品牌危机，是由于企业内部或外部因素突变，触发危机因子，从而引发品牌危机。主要包括品牌形象危机、品牌质量危机和品牌服务危机三种。突发型品牌危机通常会在极短的时间内爆发，且爆发的时机、地点及影响范围都是极难掌控的，具有很强的突发性和难以预见性。渐进型品牌危机，主要是企业的内部管理缺陷或决策失误造成的，其形成时间相对缓慢，有一个循序渐进的过程，但是后果往往具有毁灭性。主要包括品牌扩张危机、品牌老化危机和品牌信用危机等。

引起企业品牌危机的具体原因纷繁复杂，总体来说可以分为内因和外因两个层面。第一，品牌环境突变（外因）是导致企业品牌危机发生的直接诱因。第二，企业内部管理不善或品牌管理欠缺（内因）是导致企业品牌危机发生的深层次原因。外界环境中发生的突发性事件是企业品牌危机爆发的导火索，而企业内部品牌管理不善则是引发企业品牌危机发生的根本原因。大多数品牌危机看似是企业的外部原因导致，但其根源主要还是来自企业内部。企业品牌危机不是一个孤立性事件，往往是由内因和外因共同引发的；长期的企业品牌经营管理不善在遭遇某些突发性事件后，可能会发生连锁反应，进而引起危机的爆发。

企业品牌危机引发的机理可以解释如下：企业内外部环境的波动可能会产生大量的品牌危机因子；如果企业没能及时捕捉到这些品牌危机因子并迅速采取有

效的应对措施，那么这些品牌危机因子就很可能会转化为品牌危机。因此，企业应当通过各种方法和手段在第一时间内发现危机因子（如建立品牌危机因子预警系统时刻对危机因子进行监测），并及时采取有效的应对措施，这样才能防止危机因子最终转化为危机。另外，企业还应当努力完善品牌危机应对机制，增强品牌危机转化能力；通过全流程的品牌危机预警和管理，最大限度地化解品牌危机给企业所带来的不良影响。

### 3.2.4 企业形象危机

从心理学的角度解析，形象就是人们通过听觉、视觉、触觉、味觉等感知器官在大脑中形成的对某种事物的综合性、整体性印象和评价[94]。企业形象是企业内外部的利益相关者（包括一切可能与企业直接或间接发生利益关系的个人或组织），如企业内部员工、顾客、投资方、普通公众、民间组织、新闻媒介、金融机构、政府部门等，对企业经营运作的整体感觉、印象、认知和评价。企业形象是社会公众对企业的一切活动及其表现的总体印象和评价，是企业在社会和市场中知名度、美誉度、认可度和信任度的集合[95]。企业形象主要包括企业产品形象、企业员工形象、企业管理形象和企业外观形象等。从企业形象的定义可以看出，企业形象和企业品牌这两个概念虽然有一定的交叉，但两者的内涵和外延还是具有很大区别的，因此笔者将企业品牌危机和企业形象危机予以区分，并单独进行了阐释。

企业形象危机是指企业在生产经营过程中因企业家自身形象不佳、内部管理不善、自身存在不正当竞争行为或外界的恶意诋毁等因素，而在社会公众和消费者中产生恶劣影响和评价，降低企业在社会公众中的信任和威信的一种危机形态[96]。企业要想在激烈的市场竞争中脱颖而出，必须依靠其在社会公众中树立的良好形象。只有当企业在社会公众中具有良好形象时，市场中的消费者才会愿意购买和使用企业的产品和服务。企业作为一个经济主体，要时刻把握社会脉搏，在重大社会事件中努力塑造良好的企业形象，加强与公众、媒体、政府及其他机构等的沟通和交流，防止企业形象危机的出现和蔓延。只有这样，企业才能获得长远的经济效益和社会效益，才能实现长期的可持续发展。

导致企业形象危机发生的因素有很多，如产品因素、服务因素、市场因素、失实报道、企业的决策和行为失当等。随着 Web 3.0 时代的到来，互联网技术得到了飞速发展，信息传播的数量和速度开始呈几何量级增长；特别是微博、微信等自媒体和移动应用的出现，使任何与企业相关的信息（特别是负面信息）都会在第一时间内迅速地得到流传，其传播的速度和广度是任何传统媒介都无法比拟的。企业的形象危机一旦在网络平台上被传播和发酵，将会严重破坏该企业在社会公众中的形象，甚至会给企业的生存和发展带来毁灭性打击。鉴于网络传播中的信息具有极强的时效性，企业的形象危机公关必须要遵循"实时回应"原则：企业必须要分秒必争，迅速在第一时间对危机信息传播的结果进行反馈，这样才有可能及时挽回形象、最大限度地减少形象危机给企业带来的危害。

正是因为企业形象对于一个企业来说具有如此重要的作用，形象的修复策略便显得尤为重要。形象修复理论是危机传播（crisis communication）领域的重要理论之一，该理论的代表人物是美国学者 Benoit。Benoit 认为，企业在危机发生后应当迅速承担危机责任，从而使得危机对企业形象所造成的损害降至最低[97]。具体来说，Benoit 提出了五项主策略以修复企业的组织形象，它们分别是否认、规避责任、减少敌意、纠正行为和表达歉意[98]。否认是形象修复时需要首先使用的策略。否认包括两种方式：一是直接否认，即企业直接否认做过被指责的行为或直接否认危机的发生；二是转移指责，即企业将问题发生的缘由归咎为第三方。规避责任策略具体分为四种方法：第一，正当回应，强调企业做出不当行为是为了对另一种侵犯行为做出正当回应；第二，无力控制，指出企业是缺乏信息或能力才导致危机的发生；第三，意外，指的是将企业的不当行为归结为意外；第四，本意良好，是指企业虽然做出不当行为，但是其本来的意图是良好的，即"好心办了坏事"。减少敌意是指企业在发生危机后，通过各种方法减少公众对企业的敌意，从而减少对组织形象的损害。减少敌意具体包括六种方法：第一，强化支持，是指加强公众对企业的积极看法，从而抵消公众心中的消极情绪；第二，最小化危机（淡化危机），是指企业应当尽量降低公众心中危机的严重性；第三，区别化，指的是企业可以将该危机事件与那些伤害更严重的危机事件作对比，使公众认为该危机并不是非常严重，从而缓解对企业的敌意；第四，超脱，指的是企业可以提醒公众还有更重要的事情值得关注，以转移公众的注意力；第五，反击，指出企业可以攻击指责者，降低其可信度；第六，补偿，是指企业可以在物质和精神上对受害者进行补偿。纠正行为，是指危机发生之后，企业承诺会纠正自己的失当行为。通常企业会采用声明的形式承诺不会让此种危机事件再次发生。表达歉意，是指危机发生之后，企业应当在承担责任的基础上向公众表达歉意，以期修复企业形象。

### 3.2.5 经营环境危机

企业经营环境，是指一切对企业生产经营有影响而企业不可控制的因素[99]。广义的经营环境是指企业赖以生存和发展的各种外部和内部条件的总和，狭义的经营环境特指企业生产经营活动的外部条件。企业经营环境既包括国家政策、法律法规、市场需求、经营文化、行业科技动向等宏观环境因素，也包括与企业发生经济关系的生产者、消费者、竞争者、营销中介等微观环境因素。从制度角度分析，企业经营环境既包括企业所处的正式制度环境（如政策、法律、管制、融资、税负等），也包括硬件环境（如各种基础设施条件）和非正式制度环境（文化、习俗、传统等）[100]。

经营环境危机是指企业因经营环境发生变化而引发的危机。企业外部的任何一个环境因素一旦发生非预期变化，都有可能对企业产生不利影响，并给企业带来经营风险，进而演变为经营环境危机。企业总是处于特定经营环境中，经营环境的好坏将直接影响企业在经营活动中的各项决策部署，调整企业绩效与资源在各部门之间的配置效率，进而影响到企业整体生产经营活动的顺利开展。从整体来看，企业经营环境危机主要具有四个显著特征：其一，外部性，导致危机发生的经营环境因素是企业经营运转的外部条件，不属于企业内部系统，是独立于企业而存在的。其二，不可控性，企业的经营环境因素具有很大的不确定性，不以企业的意志为转移，是企业所无法控制的。其三，动态性，企业的经营环境因素一直处于不断的动态变化之中，各种因素变化的速率和方向也不尽相同，因此企业应当动态监测其外部经营环境的各种变化，对经营环境危机进行预测和预防。其四，可测性，除了那些极个别的突发性环境因素（如地震、海啸等突发性自然灾害）外，企业的经营环境因素具有过程性和可测量性；在一定范围内，企业可以通过对信息的收集和处理来预测经营环境的变化，并根据环境变化及时做出适应和调整。

宏观经营环境主要包括经济环境、政治法律环境、社会文化环境等。经济环境对企业经营活动的影响主要表现为国家宏观调控、经济周期变化、通货膨胀等方面。经济环境中任何一个条件的变化都会给企业的正常生产经营带来严峻的挑战，因此企业应当时刻关注经济环境中的每一个细微变化，并根据市场经济特性来决定生产的目标和方向，只有这样才能有效规避企业危机。政治法律环境是指国家通过法律法规、政策条例、规章制度等来鼓励或制约企业的生产经营活动。国家主要是通过制定产业政策来引导产业发展方向，推动产业结构调整，促使国民经济健康可持续发展。国家的产业政策会给企业的生产经营活动带来很大的影响，企业经营发展的大方向不能与产业政策背道而驰。另外，如果国家的法律体系不健全、不完善，则会导致市场混乱，企业的合法行为不能得到有效保护，进而影响到企业经营活动的正常进行。因此，企业应当及时根据国家的产业政策变化来调整各项生产计划策略；同时积极运用法律手段来维护企业的合法权益，以免发生不必要的纠纷和损失。社会文化环境包括价值观念、道德规范、风俗习惯、宗教信仰、消费习俗、审美观念等因素。任何企业都处于一定的社会文化环境中，企业的经营活动必然受到其所在社会文化环境的影响和制约。为此，企业应了解和分析社会文化环境，针对不同的社会文化环境采取与之相适应的生产经营策略，积极创造新的发展机会，最大限度地减少企业危机发生的可能性。

微观经营环境因素主要包括供应者、消费者和竞争者等。供应者是为企业提供生产要素的个人或组织。生产要素的价格决定企业生产的成本，生产要素的数量决定企业生产的规模，生产要素的质量决定企业产品的质量，供应者的交货时间决定企业产品的交货日期进而影响到企业的信誉。因此，供应者的工作一旦没有做到位，企业的生产经营将会面临危机。消费者是企业产品的购买者和使用者。如果消费者持续认可和偏好企业的产品，那么企业的生产经营将会得到长足的发展。反之，则会造成企业产品积压，进而引发严重的企业市场危机。竞争者是指那些与本企业提供的产品或服务相类似，并且所服务的目标顾客也相似的其他企业。竞争者在技术、价格、产品质量和服务等方面的优势会对本企业正常的生产经营活动提出挑战。企业应当时刻关注周围竞争者的状况和动态，及时根据竞争者的行动做出生产经营策略上的战略调整，努力避免企业市场危机的发生。

### 3.2.6 网络舆情危机

网络舆情是社会公众在互联网平台上对自己关心的社会焦点话题持有的多种情绪、意见和态度的集合[101]，也可以特指网民就某一热点话题公开表达的具有一定影响力、有着明显倾向性的意见或言论[102]。网络舆情主要有以下几个特点：第一，传播主体的隐蔽性与传播参与的多中心；第二，传播信息的碎片化与传播方式的开放性；第三，传播速度快，传播范围广；第四，舆情内容的多元性和丰富性；第五，舆情内容指向的公共性；第六，舆情控制力度的弱化性。由于群体极化倾向和负面偏见，当企业的负面危机事件通过网络平台曝光后，可能会引发网络舆情在社交网络中的大规模传播和扩散，从而产生网络舆情危机，最终给企业的形象和声誉带来严重的损害。

网络舆情危机是指由某件现实发生的事件引起，经过网络爆料或者网络媒体传播，迅速吸引大量网民关注，在相对短的时间内，形成大量不利于组织和个人正常运营和发展的信息，让组织或个人陷入巨大的舆情压力漩涡的危机状态[103]。网络舆情危机主要有三个显著特点：①舆情危机的突发性和信息传播的迅速性。网络舆情危机往往在企业毫无防备的情况下突然爆发，具有一定的突发性；但实际上，企业网络舆情危机在爆发前有一个循序渐进的积累过程，只有当危机因子积累到一定数量，从量变转为质变，才会引发危机的大爆发，并迅速借助网络平台进行蔓延。另外，网络舆情的传播区别于传统媒体，它是一种去中心化的多向传播模式，这种模式下每个人都可以成为信息传播的主体。因此，企业一旦发生网络舆情危机，其负面网络舆情会在极短的时间内迅速地传播到社会公众面前。②舆情内容的危害性和危机应对的紧迫性。网络舆情通常呈现出情绪化和非理性色彩，舆情内容在网络传播过程中往往出现各种各样的偏差，对企业不利的负面舆情内容往往会被无限放大，这进一步地扩大了企业网络舆情危机的危害性。另外，由于网络舆情传播速度极快、传播范围极广，因此危机应对的及时性将成为企业网络舆情危机处置的关键。危机发生之后，企业必须在极短时间内迅速采取应对措施，及时发布官方权威信息，压缩谣言的生成空间；只有这样，企业才能够赢得先机，取得网络舆情引导的主动权。③危机应对行为的受关注性和舆情引导的难控性。企业应对网络舆情危机的行为也会引起社会公众的高度关注，网络舆论往往以批判性的角度来评断企业的危机处置行为，这给企业的危机应对提出了很大的挑战。另外，由于网络舆情信息发布的自主性、随意性和隐蔽性及网络舆情信息传播的开放性、即时性、交互性、分散性等特点，企业往往难以准确预测网络公众的关注焦点，这将会大大提升企业实行网络舆情引导的难度，给企业的舆情危机治理提出了更高的要求。

在透明化的网络时代，互联网具有放大镜和催化剂的作用，这使得企业任何一个细微失误或不足都可能被无限放大甚至扭曲，网络负面舆情的积聚则有可能给企业带来严重的危机事件。基于网络舆情危机自身的特殊性，企业在处理该类危机时应当采取有针对性的防范和处理策略，具体如下：其一，在企业内部成立网络舆情监测部门，构建网络舆情危机监测和预警系统。其二，建立健全企业网络舆情危机应急管理联控机制，切实加强企业对网络舆情危机的应对和处理能力。其三，重视和加强企业与权威媒体、网络新媒体、网络意见领袖的协调和沟通，通过与各路媒体、网络大咖的联动合作，来引导网络舆情的走向；建立企业新闻发言人制度，及时回应社会公众的利益和情感诉求。其四，做好企业网络舆情危机的事后总结工作，防范同类危机的再次发生。

## 3.3 企业混生性危机

### 3.3.1 混生性危机的定义

根据产生根源的不同，企业危机可分为内生性危机和外生性危机两大类。企业内生性危机主要是指在一定经营环境下，由于经营不善、观念滞后或企业战略决策失误等内部因素造成企业的人、财、物、产、供、销相对和谐平衡的企业运营体系遭到重大破坏，对企业的生存和发展构成严重威胁。企业外生性危机则主要是由于企业外部经营条件的突变或恶化，如政治环境、经济环境、市场需求、竞争条件、网络舆论等，危及企业原有体系的平衡，使企业的生存与发展出现严重危机。内生性危机往往是企业自身矛盾作用的结果，可控性相对较强；外生性危机往往是经营环境矛盾影响到企业的结果，几乎难以控制。企业危机错综复杂、诱因多变，它不是内生性危机和外生性危机简单的加合，往往是二者综合的结果和体现。这种内生性和外生性复杂交织的混合危机体便是企业的混生性危机。对于企业的混生性危机，必须从系统的角度进行综合性解剖和分析。

### 3.3.2 混生性危机形成的原因

企业混生性危机，不能简单理解为内在危机引起的外部危机，或者是由外部危机引起的内部危机，而是企业在实际经营过程中，多种原因共同作用所带来的多方面挑战。企业存在各种危机是一种正常现象，因为企业随时都处在不断变化的外部环境当中，供应商、竞争者、营销中介、公众、顾客等外部因素始终在不断地发展变化，同时内部战略定位不清、管理制度不完善等不足，导致企业没有形成科学有效的管理机制和执行力。造成企业危机的内因是其自身内部条件的欠缺，外因是企业外部环境因素的变化，企业自身条件与客观外部环境的不相容是企业混生性危机形成的决定性条件。

企业自身的内部原因是混生性危机形成的根源，多是人为因素所致。企业可以通过改善决策，提高管理能力和管理水平来降低危机发生的概率。企业的内在原因主要是指企业内部管理不善所导致的企业内部各种运营要素所组成的管理体制、经营机制、企业文化等综合情况出现问题，从而给企业带来危机的情况。首先，许多企业忽视领导团队和员工的管理，整体运营水平难以满足企业发展的需求，离科学化管理与建设存在较大的差距。组织部门庞杂，机构之间分工不明，部门之间互相推诿，员工之间缺乏合作，管理的随意性较大，使企业内部不能形成一个高效统一的指挥体系。这些素质参差不齐的人才队伍将会降低企业的决策管理效率，使企业很难去应对激烈复杂的市场竞争。其次，企业没有进行系统的行业趋势预测与发展前景分析，只是靠着临时的市场机会和投入在短期之内进行盈利，这种缺乏中长期的战略性规划的行为会使得企业在市场竞争当中处于被动地位，无法及时跟上市场环境的变化。最后，企业内部决策不科学，使得企业未能按照现代市场经营的客观需要进行战略布局，脱离了企业当前发展的实际需求。

经过媒体发布、传播、讨论、社会发酵，从而导致企业整体陷入危机之中。在生产经营过程中，企业若是缺乏优秀的管理人才，必然致使企业的管理体制难以合理化，企业技术创新不足，进而对企业的人力资源管理、生产运作管理、营销管理、质量管理等造成负面的影响。缺乏竞争力的人力资源管理体系导致企业在人才引进、培养、储备、引导创新等方面落后于同类企业，使得企业优秀人才大量流失。如此，企业陷入一个恶性循环，造成企业危机的形成。如果这种恶性循环长期得不到改善，企业危机就会发展成企业倒闭或是破产。

企业信息、决策与经营环境危机可以导致企业危机的形成。1948年，数学家香农在题为“通信的数学理论”的论文中指出：“信息是用来消除随机不定性的东西。”笔者认为企业信息是经过加工后能够反映企业运营总体情况的数据，是对企业中各种事物的运动状态和变化的反映。当企业的信息不能准确反映企业的经营状况时，就有可能会发生企业信息危机。企业经营环境是企业信息的呈现方式之一，要想获取到准确、及时的经营环境信息就必须保证信息的收集、处理、分析及呈现的科学性与完整性。对于企业经营环境信息应该建立一套完善的分析预警机制，时刻监测市场变动情况，并及时做出正确的反应，为企业管理层提供必需的决策依据。企业在信息利用方面，如果存在“信息孤岛”，或是信息存在水分，必然使得管理层很难全面地了解企业目前的状况。在这种情况下，管理层所做出的决策由于缺乏准确的依据而存在很大的风险，容易导致企业决策失误，引发企业危机的形成。

企业资金、技术与产品质量危机可以导致企业危机的形成。充足的资金是企业从事一切活动的根本保证，创新的技术则是企业产品质量的必要保障之一。企业在发展过程中，持续、充足的资金投入是必不可少的，创新的技术意味着企业必须持续投入大量的资金来保证技术的研发、储备与应用。通过提高企业的管理水平、技术创新能力（主要指生产技术水平及手段），才可以生产出高质量、低成本、低消耗的产品，从而确保企业的竞争优势。通过技术引进和设备引入、现有技术改造及技术开发可以促进企业的技术创新，从而保证企业产品质量。当企业的生产线因工序复杂、技术落后、设备陈旧等问题造成产能难以满足市场需求时，企业可以投入资金引进国内外先进的技术与设备。当企业不仅仅是某道工序或者设备的问题，而是技术装备、工艺流程、工作环境等都需要新的技术时，企业则需要进行技术方案改造。如果考虑到市场环境的不断变化及竞争者可能在未来推出某些革新性、替代产品，则企业就应该采取技术开发的措施。上述三种技术创新方案，无论哪种，都需要企业投入一定的资金来支持企业的活动。企业财务危机会影响企业的技术创新，可能让企业陷入技术危机，从而导致企业难以生产或提供具有市场竞争力的产品或服务，最终导致企业危机的形成。

企业信息、技术与产品质量、网络形象危机可以导致企业危机的形成。随着信息技术的飞速发展与应用，其在企业的竞争与发展中的应用价值也愈发突出。如今的企业时刻处在世界变化的洪流当中，信息的数量呈指数级增加，信息的内容也更加繁杂。企业各项技术创新活动与信息的联系将日益增强，信息能力在企业的核心竞争力当中将起到越来越重要的作用。企业信息能力水平的高低已经成为影响企业技术创新的重要因素；伴随着社会的发展，人们也越来越清晰地认识到高科技企业给生活、工作、娱乐等带来的便利性，换言之，人们对高科技企业具有更好的印象，更容易接受它们及它们生产的产品。当然，产品的质量依旧是消费者评价公司形象好坏的重要依据之一。企业会因高水平的技术、高质量的产品，获得消费者正面评价，树立良好的企业形象。同样企业也会因为缺乏创新的技术、产品质量低劣而遭受到消费者的负面评价，这些信息借助网络传播，不断被放大，使得公司网络形象受损。如果公司不能及时改正，使得网络上长期充斥着负面评价，就会最终导致企业整体口碑较差，影响消费者的购买决策。

企业信息与网络形象、网络舆论危机可以导致企业危机的形成。对涉及企业商业机密、与公众没有直接联系却负面影响企业形象的信息应该进行适当的保密，这样做将会有利于引导企业的网络舆论，维护企业的社会网络形象。企业应该谨慎地、科学地限制公共敏感信息传播，确保网络舆论的导向正确。由于网络的自由性，以及经济利益的存在，信息鸿沟效应一直影响着网络舆论的传播，特别是网络推手的存在，大多数网民很难全面地了解事情原委，其舆论导向容易受到不正确的引导。因此企业应该及时地对那些负面影响企业形象的“伪信息、伪事件”进行更正、说明，让公众了解事件的真实情况，同时对企业的敏感信息应该建立科学的保密机制，防止外泄。否则，由企业网络舆论危机引发的企业危机对于企业正常的经营和发展将会是致命的打击。

## 4.2　网络环境下企业危机的发展

伴随着快速发展的互联网，以及急剧增加的网民数，我们的生活方式与信息获取途径已经大大地被网络改变，我们已经处于一种互联网生态的环境中。对于企业来讲，互联网就是一把“双刃剑”。一方面，它缩短了企业与消费者的距离，让企业能够更好、更快、更准确地了解和满足用户的需求，以及实施更贴心的客户关系管理活动。另一方面，与传统信息传播环境相比，互联网信息传播的速度更快、传播范围更广、可传播性更强，导致那些本能“大事化小，小事化了”的问题，在互联网的传播方式下被急剧放大，造成“没事变成小事，小事发展成大事”的逆向发展。除此之外，有时企业本身的危机公关活动也有可能发展成加深危机或引发新危机的动因。

### 4.2.1 网络传播对企业危机发展的促进作用

何谓网络传播？学者诗兰认为，“网络传播是以全球海量信息为背景、以海量参与者为对象，参与者同时又是信息接收与发布者并随时可以对信息做出反馈，它的文本形成与阅读是在各种文本之间随意链接，并以文化程度不同而形成各种意义的超文本中完成的”。网络传播有以下几个基本特点：①传播媒介的融合；②传播过程的互动；③传播速度快、传播范围广；④传播参与的多中心；⑤传播信息的碎片化。

互联网的出现改变了信息传播方式和思维方式，互联网的接入为中国网络传播与发展提供了基础，为网络信息传播提供了新型媒介，成为网络信息传播体系形成的第一步。信息网站、网络频道、网络平台是我国网络信息传播体系的主要形式与载体，我国网络传播与发展正是伴随着这些形式和载体的广泛运用而发展起来。依据我国信息网站、信息频道与网络平台的建设与发展，可以大致将我国的网络信息传播分为以下几个阶段。

第一阶段是传统的网络传播时期，从 1994 年我国接入互联网开始到 2004 年互联网信息网站、网络平台有了一定的发展，这段时期各种国家政策的出台及网络技术的发展为网络信息传播奠定了基础，具备了一定的科学性和系统性。由于这段时间互联网技术的应用还处在探索与发展时期，信息传播模式是以媒体为中心的单向传播模式，因此网络传播在数量和规模上发展较为缓慢，受众之间的交流互动受到时间、空间的限制，信息传播速度与范围十分有限。尽管此时的互联网充斥着良莠不齐的海量信息，但专业媒体机构和网络监管部门依旧把控着信息通往公众的隘口，此时的企业危机处理相对比较简单，所造成的危害能够控制在当前企业掌握范围内[104]。

第二阶段为 2004~2015 年，随着移动网络信息技术的创新发展与改革转型，Web 2.0 服务形式进入创新与迅速发展时期，我国的网络信息传播在数量和规模上快速发展，形成了多元主体、多方协作的全面推进工作机制和创新发展模式，发展速度惊人，传播效果显著。人与人之间的交流突破了时空限制，各种网络社群相继出现，形成了网络虚拟社会。在这种条件下企业危机发生后，相关社群内的成员会第一时间进行信息传播，并通过各种形式和渠道将不良信息进行成倍放大，增加对企业的破坏力。

互联网的技术日新月异，不断深入人们的生活，目前我们所处的 Web 3.0 时代也为企业危机的化解带来了更大的困难。传播媒介发展的多样性对企业危机的管理能力提出了极大的挑战，复杂的传播路径及越发激烈的市场竞争，使得企业遭受网络危机传播影响的概率不断增大。企业随时处于公众关注的中心，负面信息呈裂变式传播，一旦相关议题在网络上成为热点，在社会化媒体的推波助澜下，短时间内就会形成舆情风暴，如果处理不当，将严重影响企业的未来发展，给企业带来不可估量的损失。为了在瞬息万变的时代中保持竞争优势、获得持续发展的动力，企业必须加强当前网络环境下的危机管理工作。

## 4.2.2 网络传播对企业危机发展的推动模型

1. 企业危机生命周期

我们探讨危机生命周期，这跟生物的生命周期类似。正如同生物经历生老病死一样，危机也有相应的阶段。危机的生命周期可以被用来描述每个阶段的特点（图 4-1）。

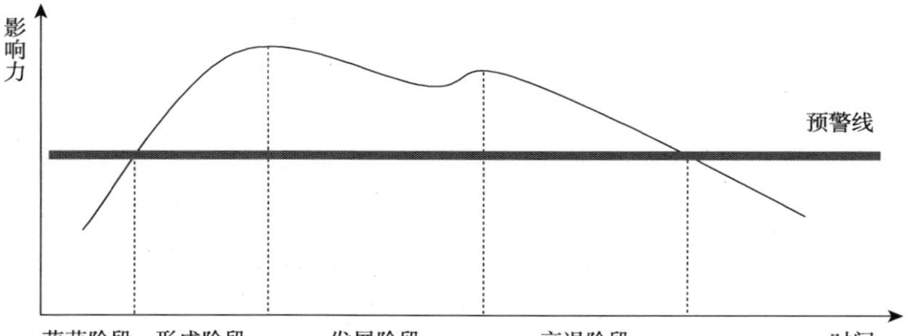


图 4-1　危机生命周期

（1）危机萌芽阶段。危机的萌芽刚刚凸显端倪，但是真正的危机还没有到。不同行业，有不同危机展现的端倪：对于食品行业来说也许是某个消费者买到了过期食品，要求更换。对于软件行业来说，也许是消费者投诉某个系统界面不友好。在此阶段，如果企业及时干预，那么危机可能不会形成或发展。管理可以将危机扼杀在摇篮之中。此阶段的任务就是“危机扼杀”。

（2）危机形成阶段。跳过了萌芽阶段，则表示危机已经形成。在传统媒体时代，这个过程比较长。但是在网络新媒体时代，这个过程就非常短。也许是一则视频的公布、也许是一条微博的传播，通常24小时就可以产生很大的影响。管理可以限制危机的发展程度和影响力。适当的企业管控会把危机的破坏力减小到最低，从而促成危机的衰退。因此，此阶段的任务就是“危机应对”。

（3）危机发展阶段。在网络时代，一条爆炸性的信息足以吸引上百万名、上千万名的网民围观，围绕这条信息的各方评论会不断升温，或者后续报道会不断更新。这就是危机的发展阶段，关注也许没有那么强，但是关注度始终处于高位。恰当的管理可以降低危机蔓延的程度。对于达到顶峰程度的危机而言，适当管控是为了不让负面影响进一步扩大。此阶段的任务就是“危机控制”。

（4）危机衰退阶段。此时的特点是，危害程度大大降低。随着时间的推移，人们慢慢淡忘了此次事件，这种负面影响也慢慢消散，但并没有完全消失，而是对企业的业务、形象等方面的影响已经不再有威胁。此阶段管控的目的是密切监控危机走向，不让危机再次发生。此阶段的任务就是“危机清扫”。

### 2. 四步系统整合模型

#### 1）危机萌芽阶段

在危机萌芽阶段，企业的目的是识别任何危机端倪，预防各种潜在危机。当前阶段的主要任务是迅速发现问题，并且影响它的发展走势，不让其进一步升级为真正的危机。预警阶段是危机管控的始点。

在这个阶段，企业在行动层面要做的是：积极主动设计危机政策；反复分析危机与多种环境的联系；从宏观和微观分析出发，设计一体化计划安排；酝酿危机管理团队的后备成员；识别和接触可能左右舆论的机构和个人（包括著名媒体、知名人士、网络意见领袖等）；选择舆论阵地，包括企业主页、新闻网站、社区论坛、微博微信等。

此外，企业在价值层面要做的事情是：评估潜在危机可能带来的危机程度，并且及时报告；评估企业对危机爆发后的承受度及管控度；评估各种危机应对方案的优劣。

公众研究在危机管理方面处于十分重要的地位，尤其是在危机萌芽阶段。正如Gruning和Hunt在情景理论中所描述的那样：“一个组织一定要确保企业的计划跟公众的预期是一样的。”反馈让企业从对方那里获取了解自身的信息。反过来，这种信息丰富了危机管理计划的内容，提高了危机管理的质量，从而与不同群体的期望达成一致。如果这个阶段企业处理得好，就可以避免产生更多的危机。或者说，预警可以减少危机的影响程度。

#### 2）危机形成阶段

在这一阶段，面对网络危机爆发，企业可能失去所有的主动权。本应该有的危机应对方案，事实上没有；本应该管控网络舆情的发展方向，事实上已经失控。

当企业面临这种情况，企业的中心任务应该紧紧围绕危机事件本身展开行动。只要与危机发展有关的人员，就应该与之积极互动，并且使用一系列组合策略应对危机，把损失减少到最小。

与线上线下的公众进行交流是十分困难的。积极活跃的公众可能并不信任任何来自官方的解释，因为他们常常使用来自第三方的信息源来增强已经形成的思维定式，认为自己掌握的是事实，官方的表述仅仅是掩盖问题、文过饰非。在网络上，当企业被公众负面舆论包围，他们所做的，仅仅是回应。

2008 年 9 月 8 日，甘肃《兰州晨报》等媒体首先以“某奶粉品牌”为名[105]，爆料毒奶粉事件，事故起因是很多食用三鹿集团生产的奶粉的婴儿被发现患有肾结石，随后在其奶粉中被发现化工原料三聚氰胺。事发后，公众对三鹿公司的关注度不断升高，对其产生的舆论压力不断增强，对其负面评价基本形成。2008 年 9 月 10 日，三鹿集团向社会声称：“委托甘肃权威质检部门对三鹿奶粉进行了检验，结果显示质量是合格的。”公众对官方的表态表示持观望态度，既不相信，也不完全不信。9 月 11 日，卫生部指出，高度怀疑三鹿集团的三鹿牌婴幼儿配方奶粉受到三聚氰胺污染。公众对三鹿的欺骗表示愤慨。公众认为，三鹿把责任怪罪于不法奶农，把老百姓当小孩子哄。此举将公众对三鹿仅存的怜悯之心也变得荡然无存，立即引起全国人民的巨大不满和质疑，强烈要求追究企业和政府官员责任。公众的反映表明，三鹿集团缺乏一个真诚面对网络危机，承担社会责任的应对体系，它只是一再否认事实，当事实不能否认时，就找替罪羊。这种方法只能给公众一个文过饰非、推卸责任的形象，不断增加公众对企业的负面看法和评价。

相反，同样是面对网络危机，双汇集团的瘦肉精事件，应对起来就比三鹿集团的三聚氰胺事件要成功很多。2011 年 3 月 15 日，央视曝光双汇集团瘦肉精事件[106]，危机爆发后，第二天下午，双汇集团发布致歉声明，同时责令济源工厂停产自查。3 月 17 日，双汇集团再就“瘦肉精”事件发布声明，称将召回济源双汇在市场上流通的产品，对济源双汇总经理、主管副总经理、采购部长、品管部长予以免职。3 月 25 日，双汇集团召开了全国供应商视频会议，试图安抚处境艰难的供应商。3 月 31 日，双汇召开“万人职工大会”，包括双汇集团所有管理层、漯河本部职工、经销商、部分新闻媒体等万人参加，双汇再次致歉并公布整顿举措。整个事件持续约一个月的时间，到 4 月 15 日，双汇发布公告称 4 月 19 日双汇复牌，标志“瘦肉精”事件基本结束。显然，整个过程显示了双汇集团勇于承认错误，敢于承担责任，善于安慰公众，长于与政府合作，乐于与媒体接触。综合来看，双汇在一个多月里顶住了网络危机，让企业获得了新生。

根据我们的模型，总结上述正反两个案例，企业在危机发生阶段要做到：①安排危机管理团队；②任命公司代表，专门与媒体打交道；③制订危机管理计划，整个适用于危机管理的所有新数据；④收集沟通素材（如发言人职位描述、面临的问题、解决措施等）；⑤与线上线下支持者交流；⑥传递适当的消息给受众；⑦通过更新数据管控谣言；⑧日事日清，公司每天应对危机的机会、方法、内容要及时完成，不能留到第二天再做。

3）危机发展阶段

危机发展阶段，意味着危机还未结束，只是影响力比形成阶段要弱一些，企业依旧要密切关注公众和媒体的动向。危机发展可以借鉴产品生命周期的典型模型，该模型主张三种不规则的产品生命周期理论。我们把这三种生命周期理论借鉴、使用、发展为三种非典型性危机模式，即可升级型、消退型和循环型（图 4-2）。

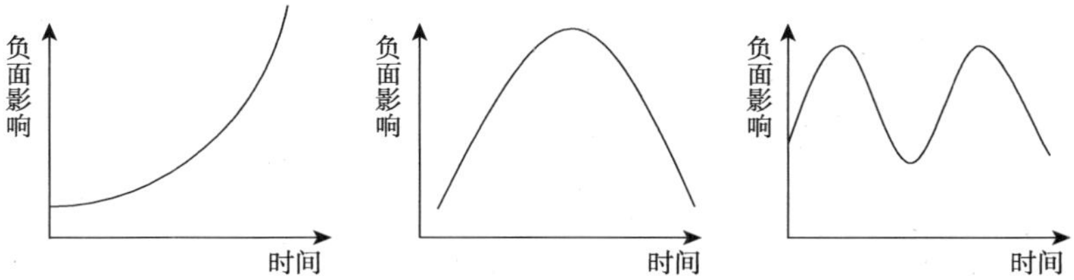

（a）可升级型　（b）消退型　（c）循环型

图 4-2　三种非典型性危机发展模式

（1）可升级型模式。当后续的发展促使一个问题朝着新阶段发展时，则产生出可升级型模式。三鹿集团应对三聚氰胺事件，2008 年 9 月 10 日，三鹿集团声明三鹿奶粉是没有任何问题的。9 月 12 日，三鹿声明此事件是由于不法奶农为获取更多的利润向鲜牛奶中掺入三聚氰胺。9 月 15 日早 8 时，卫生部宣布全国医疗机构共接诊、筛查食用三鹿牌婴幼儿配方奶粉的婴幼儿近万名，临床诊断患儿 1 253 名（其中 2 名已死亡）。9 月 15 日，三鹿集团副总裁张振岭向全国因食用三鹿婴幼儿奶粉致病的患儿及家属道歉。9 月 16 日上午，河北省公安厅宣布警方已经依法对 26 名犯罪嫌疑人采取了强制措施，其中逮捕 4 人，刑事拘留 22 人。9 月 17 日下午，刑事拘留三鹿集团原董事长、总经理田文华。9 月 25 日上午，美国、日本、意大利、法国政府宣布全面禁止所有含中国奶制品的食品进口。整个事件逐步升级，从一个企业的食品安全事件扩大到整个中国乳制品行业的危机，危机不断升级，所有的舆论压力集中在三鹿身上，三鹿承受不起，宣布破产[107]。

（2）消退型模式。公司使用各种交流技巧和大众进行沟通交流，其中包括类比、揭示和重塑形象等技巧，来尽可能减少危机对它产生的负面效果。这种消退型模式通过新闻媒体天花乱坠的宣传，占领舆论的制高点，来化解危机。双汇瘦肉精的案例可以看成是一个消退型模式的代表。

（3）循环型模式。循环型模式是指，一个危机似乎结束了，但是舆论发展改变了它的原有路径，指向了另外一个舆论的风口浪尖。2009 年特仑苏违规添加 OMP（osteoblasts milk protein，造骨牛奶蛋白）、2011 年陕西 200 名学生集体中毒事件、2012 年蒙牛雪糕事件等，一次次食品安全丑闻，让蒙牛集团的风光大不如前[108]。

危机强度的变化、公司抗压能力、每一阶段危机持续的时间都决定着危机形成的模型。所以，为了准确预知危机强度和危机发展的方向，对危机的潜在发展模式进行预测就变得十分重要。在危机发展阶段，企业要做好以下几点：①持续关注公众，及时解决他们的问题，并不断对自身问题进行检测；②整合各方反馈信息，对此次危机的发展模式进行全面系统的评估和预测；③建立健全长效系统的对外沟通和协调机制，将问题和处理结果及时通知相关媒体，减少危机带来的各种负面影响。

4）危机衰退阶段

危机衰退阶段意味着危机总体趋势朝下，这时网络上零零星星的新闻、报道、评论等已经不足以对企业产生实质意义上的威胁。此时，虽然危机管理的高潮阶段已经过去，但是企业依旧不能放松警惕，因为一个网络危机的结束常常会导致另一个网络危机的开始。而且危机常常会给企业带来一系列的“后遗症”，有可能会长期持续影响企业正常的运营和发展。如果企业不能认真总结经验教训，并对其自身依旧可能存在的问题进行全面、无死角的检测和解决，那么旧有的危机极有可能会死灰复燃，甚至引爆新的危机。因此在危机衰退阶段，企业必须要做到以下几点才能真正做到有备无患：①持续关注公众和媒体，密切关注公众和媒体是否有新的“爆料”，并及时将企业经营恢复的程度和成果通知公众和媒体；②不断检测可能存在的问题，直到危机彻底消除；③认真总结经验教训，进一步修改完善企业的生产经营计划，增强企业的危机“免疫力”，严防类似危机事件的再次发生；④对危机事件的全过程进行科学有效的评价，撰写危机处理报告，建立企业危机管理知识库，为日后的危机预警和处理提供借鉴和参考。

Bernays 于 1961 年在《公共舆论的形成》（*Crystallizing Public Opinion*）一书中断言：“企业将不再否认公共舆论的存在。在预防危机（尤其是由公众自我揭露丑闻的危机）时，企业要把握准它所支持者的脉搏。”这种观点，我们现在看来十分正确。借助网络平台来表达自己的意见，具有道德感和社会责任感的公众已经形成。他们不会把企业责任看成一种公共关系问题，而会看成一种企业每天要坚持的基本的、内在的、核心的责任。网络时代的今天，企业社会责任已经极大影响着商业活动的方方面面，这些责任被广大的企业股东关注。在股东看来，失去了社会责任就失去了一切。同样是网络时代的今天，很多公司表现出避免与公众对抗的姿态。

综上所述，四步系统整合模型如图 4-3 所示。

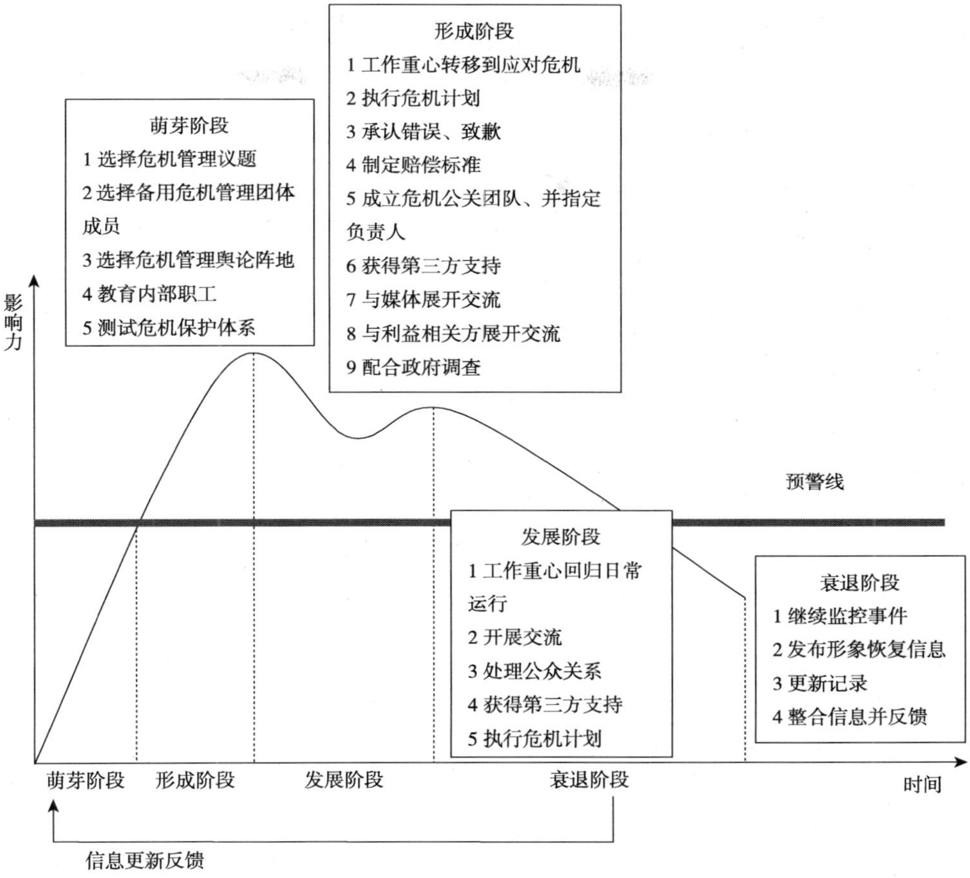


图 4-3　四步系统整合模型

## 4.2.3　网络传播推动企业危机发展的当前热点分析

新媒体和网络社区的快速发展为公众提供了更加广阔的讨论空间，对于发生的社会现象和热点问题，信息来源和传播渠道更加复杂多样，公众发表言论更加自由，给企业带来的危机和挑战更加严峻。接下来我们将详细介绍海底捞在被媒体曝光卫生问题后，在三小时内迅速做出回应并使网络舆论发生逆转的成功危机应急管理事例。

海底捞火锅作为集经营川味火锅、融合各地特色于一体的直营品牌火锅店，一直属于中国餐饮市场的龙头企业，以其全方位的服务和良好的用餐体验受到了消费者的青睐。2017 年 8 月 25 日上午 10 点，《法制晚报》的一名记者在暗访三四个月后，发表了一篇揭露海底捞后厨卫生问题的新闻报道，曝光了北京两家门店的后厨当中所存在的严重卫生问题，如老鼠爬进食品柜、火锅漏勺掏下水道、打扫卫生的簸箕和餐具同池混洗等现象，引起了网民的关注和热议，此次事件也被称为“老鼠门事件”[109]。

事件曝光以后，在 8 月 25 日 14 时 46 分，海底捞通过其官方微博发表致歉声明，承认媒体报道当中的情况属实。在致歉信当中，海底捞首先向公众表明了自己的歉意；其次，公布了在过去经营过程当中类似事件的处理结果；再次，又再一次重申自己的态度，表明了杜绝此类问题的决心；最后，强调愿意积极承担相应的法律责任和经济责任，对于所暴露出来的卫生问题和管理问题，一定会查清真相并对所有门店迅速进行整改。8 月 25 日 15 时 04 分，海底捞再一次发布关于积极落实整改、主动接受社会监督的声明，对北京市食品药品监督管理局的约谈内容表示全部接受；表明自己会完善各项工作制度、调整管理体系、加强员工职业培训，并邀请社会公众对整改过程进行监督指正。8 月 25 日 17 时 16 分，海底捞发布了两家涉事门店的处理结果，并公布了自己的具体整改措施。措施主要包括：两家门店主动停业整改，聘请专业清理团队对门店环境进行全方位的清洁；组织其他地区的所有门店进行排查，避免类似情况的再次发生；对全国范围的所有门店监控设备进行系统升级，消费者可以随时通过官方网站或者公众号平台查看后厨情况，通过实现网络化监控来开展透明厨房工作。另外，海底捞对所有整改措施都明确了相关责任人，并提出此次事件的主要责任由公司高层董事会承担，涉事店面员工无须进行赔偿，他们只需要按照相应规定进行整改并协助门店完成后续管理工作即可。海底捞“老鼠门事件”的舆论主战场主要是在微博上形成发展的，有媒体和个别评论者作为意见领袖进行整体舆论引导，从事件曝光伊始的一片哗然到为海底捞公关“拍手叫好”，在短短的几小时内，网络舆论便出现了明显的反转。网友纷纷表示，相较于过去只会推脱责任的一些企业，海底捞在回应当中大方承认了自己的错误并及时公布整改举措，这种应对方式使得企业在极大程度上获得了公众的理解和认可。危机事件发生后，企业第一时间的致歉和勇于担责的态度是最为关键的，因此海底捞此次成功的危机处理事件不仅仅是其危机公关的成功，更是其企业文化的一次胜利。

如图 4-4 所示，从今日头条指数中我们可以看到，8 月 25 日该事件的热度指数为 1 331 352，8 月 26 日的热度指数为 531 806，依次呈现递减趋势，直至 9 月 4 日，该事件的热度指数已经降为 49 223，仅为事发当天该事件热度指数的 3.7% 左右。指数波动之所以如此之大，是因为与民众利益相关的事件往往更易在短时间内形成关注热点，并随着企业主体的态度转变发生急剧变化。

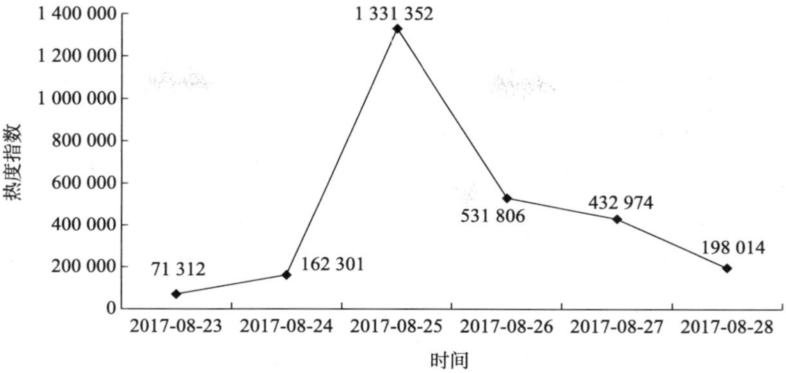


图 4-4　海底捞“老鼠门事件”发生前后的热度趋势

网络环境下，媒体平台门槛较低，信息发布主体众多，传播速度加快，传播范围更广，一些备受网民关注的热点问题，一旦在网络上形成聚合，很快便会引起讨论和关注，甚至形成热点话题进而引发舆论热议。对于遭遇危机的企业来说，网络舆论的形成有时也能成为一个新的机遇。例如，海底捞的此次危机公关，一方面，可以邀请各路媒体、网络大 V 等为其危机进行解释支持；另一方面，也可以在其自身的微博、微信平台发布官方声明，引导消费者舆论趋势。因此网络环境的发展对于企业危机管理来说有利有弊。企业只有扬长避短，对网络舆情及时进行分析与研判，才能有效掌握社会舆情的变化，进而对可能爆发的危机事件形成预警并及时有效地应对与引导，最终实现危机与风险的有效化解。

面对突如其来的企业危机，海底捞运用科学、有效的危机应对举措，成功将危机予以化解，并在一定程度上化危机为机遇，为企业自身谋得了更长远的发展。与海底捞对于危机的成功处理截然不同，2016 年 4 月望京 798 和颐酒店女生遇袭案件曝光后如家酒店集团的危机处理则成为危机管理案例中的负面典型[110]。

和颐酒店作为如家酒店集团旗下的中高端连锁酒店，一直以来都以其数字化配套设施、人文关怀的服务环境和高层次文化水准为经营特色，是许多企业白领消费者的优先选择。2016 年 4 月 1 日，微博名为“弯弯”的女性当事人独自入住北京望京 798 和颐酒店，于 4 月 3 日晚乘坐电梯时，被一名同乘电梯的陌生男子使用暴力强行拖拽。在被施暴过程当中，“弯弯”一直在大喊呼救，并在中途引起了一名酒店服务员和几名路过房客的注意，但大家误认为是情侣吵架，没有对此进行劝阻和制止。直到最后一名女房客在女生被拖离监控摄像头拍摄范围外之前及时拉住她，陌生男子见围观人群增多后，从消防通道逃跑，整个过程持续 5 分钟有余。4 月 4 日“弯弯”回到杭州后决定将此次事件进行曝光。

4 月 5 日 0 时 6 分，“弯弯”在其微博上传了自己在酒店遭遇袭击的监控视频并设置话题讨论，在当天总共发出 11 条微博讲述了其在和颐酒店遇袭、报案投诉的整体经过。截至4月5日23时56分，和颐酒店女生遇袭微博话题阅读量已近3亿人次，引发相关讨论60万条，优酷视频播放量近50万次，该事件已经成为网络热门话题。微博大V的不断转发终于引发了核爆的链式反应，4月6日0时37分，和颐酒店、如家酒店集团首次对此次事件做出回应，对“弯弯”的遭遇表示惋惜和抱歉，声称此次的特殊事件已经引起公司高层领导的集体重视，他们将立即成立调查小组进行跟进，查清事件真相。然而此次的声明并没有缓解事件的发酵程度，反而被公众认为道歉不真诚、态度很敷衍，引发了更多网友的谴责。4月6日8时39分，如家酒店集团发表第二份公开说明，表明集团内部的调查小组已经连夜调查清楚事件真相，并将在上午11点30分召开记者会公布调查结果。但是直到4月6日下午三点左右，也就是广大媒体与记者在经过了近5小时的漫长等待后，酒店新闻发布会才开始。和颐品牌北方区域总经理刘红妮在发布会上宣读了如家酒店集团的最新声明，称已与当事人“弯弯”达成一致。整场发布会持续不到5分钟，没有设置回答记者提问环节，发布人宣读完声明后直接离场。当事人“弯弯”通过微博直言自己对于这样的处理结果非常失望，并将继续等待如家酒店给出合理的答复。

4月9日晚，如家酒店集团将之前发布的两份声明都进行了删除，并且没有加以任何解释。“弯弯”则于22时48分更新微博，表示酒店方除了道歉以外，并没有进行任何其他协商，如家方面并未如发布会所说与自己达成所谓的一致。在这种背景下，广大网友对酒店方的不满情绪被彻底引爆，如家酒店集团面临着空前的网络舆论危机。直到4月10日9时，如家酒店集团CEO（chief executive officer，首席执行官）孙坚通过企业官方微博发表致歉信，向“弯弯”及公众真诚道歉，承认酒店责任和管理缺失，并提出具体的整改措施，网络舆情才开始逐渐回归平静。随后警方通过官方微博“平安北京”进行案件情况通报，称已抓获涉案男子李某，并将进一步跟进案情。至此，案件的顺利进展、酒店的正式道歉及当事人的发声谅解使高涨的舆论渐渐冷却，如家酒店集团的这次危机基本宣告解除，但此次事件的发生使得他们的企业形象和声誉遭受到前所未有的冲击和损害，给企业未来的经营和发展埋下了隐患。

在遇袭事件发生后，涉事酒店保安部没有及时响应，值班经理也未对宾客在酒店内受到的伤害表示歉意和安抚，投诉无门的“弯弯”只能选择网络的形式对此次事件进行曝光。从治安事故发生到“弯弯”采取网络曝光方式维权，和颐酒店方至少有24小时的时间可以施以补救措施，但酒店方既没有采取任何举措对受害人进行妥善安置，也没有派出任何工作人员出面与受害人沟通事件始末。在企业危机仍处于潜伏期内的时候，如家集团没有通过预先设置危机预警与预控机制来及时捕捉危机征兆并为处理各项潜在危机制订对策方案，而是在网络舆论走势已经偏向于受害者一方时，才开始调整应对策略，并通过网络媒体来进行危机沟通，声明自己的立场。之后如家在新闻发布会上的表现又引发了新一轮公众非议，他们试图采用否认策略撇清由于酒店服务过失给当事人“弯弯”造成的伤害，这种做法进一步地激化了企业与利益相关者的矛盾。在此次危机事件中，酒店方并没有意识到其对治安事故的防范不力、应对缺失和处置失当才是导致社会公众严重恐慌与不满的根本原因，而矢口否认或推卸责任只能激化企业与公众之间的矛盾并加速企业危机的升级。因此，面对危机时企业应当找准危机根源，敢于承担责任，直面应对危机，并做好与当事人及社会公众（特别是广大网友）协调和沟通的工作，只有这样企业才能最大限度地减少或消除危机所带来的风险和损失，并大大降低危机次生隐患发生的概率。

当前网络环境下的新媒体平台依托于日益发达的网络基础设施建设，信息的传播和交流方式相比以往发生了巨大的变化。信息传播效率的提升和传播方式的改变在极大程度上方便了社会各领域的信息交流，同时也为企业危机的形成和大规模传播创造了条件；“和颐酒店女生遇袭案”就是一起典型的借助新媒体传播滋生和扩大危机影响的企业网络危机事件。在受害当事人利用微博平台进行事件曝光后，仅凭其十余条包含文字、图片和视频内容的微博，就在 48 小时内获得超 20 亿人次的阅读量，引发了社会各界及媒体的强力关注，推动此次事件迅速成为微博、微信等各路新媒体平台的热门话题。面对此次网络舆情的剧烈冲击，如家酒店集团不仅错过最佳应对时机，而且屡次公关失败，关于酒店不作为、酒店推卸责任及公关态度恶劣等不良行为的质疑和批评声甚嚣尘上，最终导致该酒店的品牌形象与口碑声誉严重受损。

## 4.3　网络环境下的企业危机预警与危机治理

如图 4-5 所示，在网络环境下，成功的危机管理仰赖于及时而精准的危机预警和基于此做出的一系列快速而有效的危机预防、危机预控、应急处理、危机善后、战略沟通等危机治理行动。预警是先导，治理是关键，两者在企业危机的防和治的过程中，缺一不可。预警为企业的危机治理提供明确的方向标和靶子，缺乏及时、精准的危机预警，企业的危机管理工作将如同盲人摸象，既难于解决实际危机问题，还极易导致更大的风险，使企业陷入更大的危机。预警在企业危机管理中的地位和作用，在网络环境下体现得尤其突出。

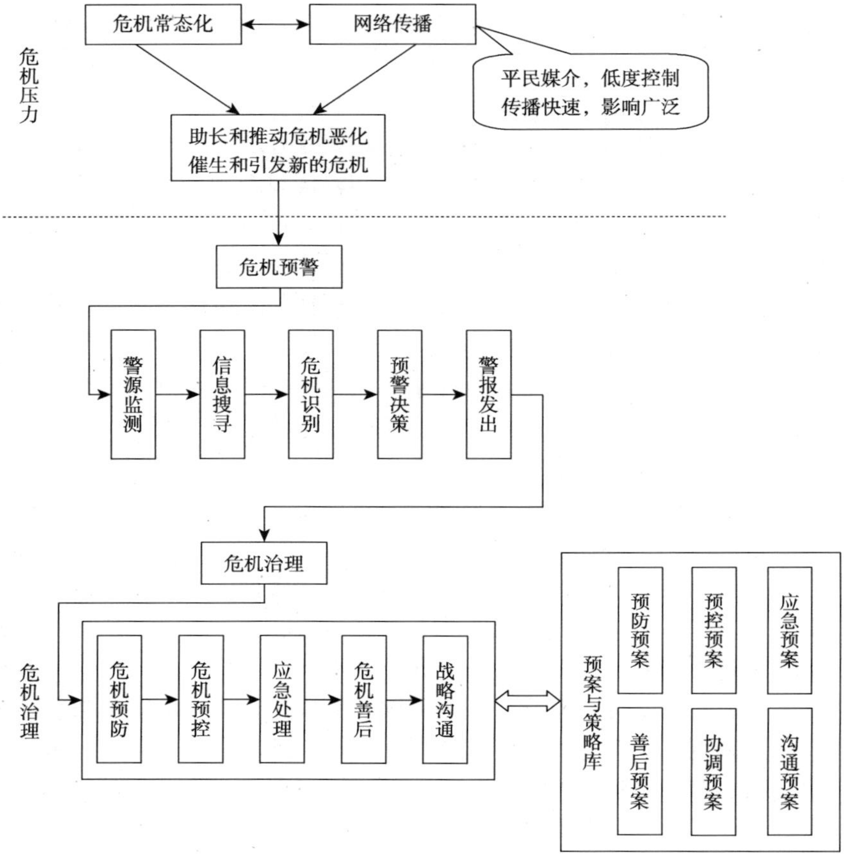


图 4-5　网络环境下的企业危机预警与危机治理架构

## 4.3.1　危机压力

当下是一个风险遍存、危机四伏的时代，危机已经成为企业生存和发展过程中的一种伴生常态，形形色色，林林总总，层出不穷，发展迅猛。而网络传播由于其平民化传播、低社会控制、应用广泛、影响深远，常常催生危机，加剧危机恶化，并引发新的危机。

由于传统的线下大众传播存在“把关人”和媒体议程设置的控制与约束，通过把关人和媒体议程设置，能实现传播的社会控制，引导舆论，为特定人群服务。但对于复杂的网上传播，由于平民化传播的回归，网络舆论引导困难，控制不易。网络传播控制属于低度控制的传播，形形色色的新闻，多元意见、观点，各种信息在这里交汇、聚集、冲突、发展。同时，由于网络传播环境下，多元新闻主体的出现，众多传统媒体的新闻工作者已经将网络作为其新闻线索和新闻观点的重要来源或重要参考来源，尽管其媒介把关人和媒体议程设置依然生效，传播仍处于控制之中，但面对媒介日趋激烈的竞争现实，以及人手紧张、新闻资源有限、时间压力、各类新闻层出不穷等现实，其传播选材、观点也不可避免地受到网络相关传播的侵扰和影响。在这种背景下，企业正常的经营发展面临着极大的危机压力。因此网络环境下，企业如何科学布局、系统监测、及时精准预警，为企业赢得时间，以有效预防和化解危机，成为现代企业危机管理中一个亟待深入系统研究的重大课题[111]。

### 4.3.2 危机预警

“预警”一词，最早源于军事，也最常用于军事，原指通过预警来提前发现、分析和判断敌人的进攻信号，并把这种进攻信号的威胁程度报告给指挥部门，以提前采取应对措施。后来预警一词逐渐应用到社会诸多领域，成为一个广义概念。危机预警是危机管理的第一道防线，是危机管理的首要阶段。通过建立并运行预警系统，可以监测敏感性指标的异常变化，捕捉危机征兆，分析和预测可能的危机威胁及其发展趋势，提早向有关部门、组织和相关社会公众发出警示，以便于企业及时介入，做出针对性的快速反应，实施精准预防、预控，并提早做好各种应急处理准备及相关资源的保障安排，阻止和减缓危机的产生与发展，抑制危机的爆发，最大限度地减少危机可能给企业造成的损失，实现企业组织的持续、健康、快速、稳定发展。

目前学界对企业危机预警的基础研究尤显不足，危机分类缺乏系统化，分类的依据和标准尚未得到统一；危机预警理论研究还停留于表面，缺乏对危机内质的核心透析与整体把握；研究方法和应用工具还主要沿用传统，对现代信息技术、手段与方法在危机预警中的应用与拓展不够；预警策略与资源条块分割，有待系统整合。而随着市场的快速变化，竞争的日益加剧，危机的频繁出没，网络环境下的企业危机预警对于企业生存和发展的意义越来越重要，价值日益凸显。基于此，我们必须加强对网络环境下企业危机预警的系统研究。

危机预警的过程主要包括以下五个方面：①警源监测。根据危机指标，围绕危机警源，对可能隐藏或预示危机的各种讯号、信息进行全方位、立体化的监测，以及时发现危机征兆。②信息搜寻。设置专职人员快速、及时、客观、系统全面地收集包括外部环境信息和企业内部信息在内的各类企业危机警源异动信息，并建立完整的危机信息数据库。③危机识别。对危机信息数据库当中收集到的各类信息进行整合归纳，重点分析其中出现异常的一些指标，从这些现象当中发现和识别企业可能遭遇的危机，并预测判断危机的具体情况和未来可能的发展趋势。④预警决策。根据预警信息类型、性质和危急程度采取相应措施，制定详细的预测报告和针对策略并及时传递给企业管理人员，为应对危机争取主动权。⑤警报发出。由企业管理层等公布当前危机研究分析的实际情况，把预警结果传递给公司各级员工和社会公众，引起大家的重视，并及时跟进危机的变化情况。

由于网络环境下的企业危机具有快速演变和迅速传播的能力，所以在危机预警阶段，企业需要实时了解网络舆论动态，构建一套符合自己实际情况、反应高度灵敏准确的预警系统。警源信息监测的重点则聚焦于行业发展、竞争对手信息及相关意见领袖的看法、态度等；同时配合线上线下的联系与沟通，有效增强企业对于网络舆情的把握能力，以便随时对潜在危机做出应急反应。目前我们的企业危机预警技术、手段与方法还需要进一步完善和提高，预警策略和预警资源管理还须进一步整合；企业应当充分运用现代信息技术、手段与先进方法进行全方位的系统监测，科学分析与识别各类企业危机，及时预警，有效提高企业组织在有限资源、时间紧迫和高度压力条件下的危机管理实效。在这种背景条件下，对于企业的危机预警人员也提出了更高的要求：他们需要具备丰富的专业知识和较强的信息分析能力，以便于能够从纷繁复杂的信息和数据中及时发现和识别危机，为预警决策提供支持。

### 4.3.3　危机治理

危机治理是指企业为避免或减轻危机所带来的严重损害或威胁，而有组织、有计划地制定和实施一系列管理手段和措施的过程。危机治理包括危机预防、危机预控、应急处理、危机善后和战略沟通等诸多环节。由于危机一直处在不断变化和发展之中，因此每一阶段企业的危机治理任务都有所不同。

企业危机发生以前的管理主要涉及危机预防和危机预控两方面内容。危机预防，即危机管理成员通过各种渠道和技术对潜在或现实的企业危机信号、征兆现象和各类资讯进行收集与整理，对于其中的危机信息进行捕获、分析、识别和判断的过程。通过危机预防，企业有可能通过对所预见的情境采取手段加以干预，将危机消除在萌芽状态；也有可能未能捕获到关键情报信息导致预防失效，使得风险确已转化为危机，企业则必须直面解决。危机预控，即危机的预处理，是企业为了最大限度地避免危机爆发或者减少危机爆发后的危害程度而采取的一系列控制举措，主要包括危机管理计划和防控措施等。危机管理计划包括企业组织架构的调整、人员安排及其危机意识教育、资源整合、运作流程变更等；防控措施包括确定监测对象、建立危机信息系统、危机的辨别与评价等。

企业危机发生过程中的管理主要指的是危机的应急处理，这个阶段的核心问题就是根据当前企业所处的具体情境迅速进行反应决策，确认危机状态并立即采取应对措施。企业应当调用所有可支配资源，集合各种力量成立危机管理机构，启动危机应急预案并结合实际情况及时进行调整，形成最新的危机处理行动方案，针对不同利益相关者开展危机沟通活动，快速高效地进行危机处置，力图将危机造成的影响降到最低，为企业的恢复和补救争取时间和空间。

企业危机发生后还需要重点关注危机善后和危机沟通这两项工作。危机善后是指企业要做好危机总结和恢复管理工作，主动承担相关责任，协助有关单位和机构解决好利益受损者的损失问题，尽可能地把事件真相完整地公布于众；另外，各部门要保证信息的一致性，避免公众的各种无端猜疑。同时，企业还需要积极配合有关调查小组的相关工作，保持和媒体的密切沟通，扩大正面宣传和社会舆论的引导，以真诚、诚恳的态度和言行来争取公众的谅解和信任，维护企业自身的形象，为之后有针对性地恢复管理活动奠定社会情感基础。总结危机原因既能够防范类似危机的再次发生，又能够增强企业抵御风险的能力：如果是企业内部的原因，则需要处理相应的责任人，调整自身的人员结构，改善企业的内部管理；如果是市场、竞争对手等外部原因，则需要企业及时调整经营战略，转变经营策略去适应市场的要求。

危机沟通也是危机治理当中非常重要的一个环节，贯穿危机管理过程的始终。危机沟通是指以沟通为手段、解决危机为目的所进行的一系列化解危机与避免危机的行为和过程。良好的危机沟通不仅有助于减少企业遭遇危机的概率，而且可以在危机爆发后降低危机对企业的影响和冲击，并存在化危机为转机甚至商机的可能。如果不进行危机沟通，则小危机可能变成大危机，进而对组织造成重创。危机沟通是科学和艺术的完美结合，它可以获取危机内涵中的机会要素，并去除或降低危机中的危险成分。危机沟通包括企业的内部沟通和企业的外部沟通。企业的内部沟通可以让企业的内部员工或股东等及时了解企业当前的实际情况，减少不必要的恐慌，并激发大家克服困难、团结一致的信心和决心，为企业危机管理工作的正常有序开展奠定良好的内部基础。企业的外部沟通是指企业与外部的各种利益相关者之间的沟通，利益相关者包括供应商、顾客、政府部门、营销中介和媒体等。企业在与这些利益相关者进行沟通时，要找到一个可以实现双方利益最大化的沟通方式，将平等共赢的原则放在突出位置，这样才能获得对方的信赖和尊重，有助于危机治理工作取得明显的成效。另外，企业通过与他们之间的良好沟通可以建立彼此之间的长期互信关系，达成长期合作的共识；以便于当企业再次遭遇危机时，可以获得他们的信任和支持，从而帮助企业更快、更好地度过危机。

# 5　网络环境下的企业危机传播分析

危机传播被许多学者认为是危机管理的一部分[112，113]，大致是因为学者们对危机管理的研究早于危机传播，直到公共关系学的相关概念应用到危机管理之后，才产生了危机传播的相关研究。班克斯将危机传播定义为："在危机事件之前、之中及之后，介于组织和公众之间的传播。"[8]也就是说，危机传播是指有关部门就危机事件与公众或媒体进行信息沟通的过程。"危机传播"由"crisis communication"翻译而来，但它并不能简单理解为传统意义上的"传播"（broadcasting），正如传播学（communication studies）不同于传媒研究一样。"communication"一词确有"传播"之意，但同时更常用的意思是"沟通、交流"，因此危机传播的概念更偏向的是"对于危机事件的应对与沟通"。

然而，本书的目的在于构建基于网络环境的企业危机预警模型，网络高速发展对企业危机带来了巨大的影响，有必要对企业危机在网络环境下的传播模式、结构与过程进行分析，况且有关企业危机管理的内容已在其他章节展开讨论，因此本章所探讨的企业危机的网络传播主要为"企业危机在网络上的散布"（crisis spread），是一种危机信息在网络上的传递、扩散活动，有别于危机传播。

## 5.1　企业危机的网络传播特点

传播是人与人之间、人与社会之间，通过符号进行信息传递、信息接受或信息反馈活动的总称。其中信息是传播的内容。

网络危机是指由线下或线上产生的危机，其相关信息经由网络传播扩散的过程。网络危机具有很大的不确定性，以及很强的破坏性。它是科技进步引起的互联网发展的产物，是一种新型危机领域。对比于传统危机事件，网络危机事件拥有其独特之处：扩散速度快，影响范围广，破坏能力强。在网络环境下，信息传播者和接收者之间的界限不再清晰，危机的传播形式也发生了很大变化。传统媒体对其发布的信息会有筛选和过滤的过程，而网络的特殊性使这一功能淡化了，网络上的所有个体可以随时随地发布任何信息，这些信息经由网络发酵之后，往往会被放大失真，从而显现不理性、偏激、情绪化等特点。这些信息在网络上肆意流转，就会引发网络谣言等恶劣事件。如果不能及时处理网络危机事件，那么它会迅速对线下环境造成影响。

网络具备及时性的特点，多数情况下，危机事件首先在网络上被社会公众知晓。然而，网络同时又具备互动性，使得网络成为危机管理过程中极其重要的沟通途径，许多网络危机损害的降低就是通过网络的迅捷性完成的。因此，在危机管理中，网络既能载舟亦能覆舟，它可以对组织造成巨大损害，也能较为迅速地平息一场危机。

企业危机对于企业来说既是危险也是机遇。企业危机的驱动力是突发事件的爆发，改变了企业的经营常态，企业无法对该事件进行常规管理，需要制定应急预案并立即执行，从而平息危机。因此企业危机具有以下四种特性：①突发性。由于周边复杂环境对企业危机事件的影响，危机事件的影响因素具有高度的不确定性，增加了危机爆发的可能性。②对于企业来说，一旦危机爆发，它将呈指数级增长。不及时有效地加以控制，将给企业造成不可挽回的损失。③聚集性。高速的信息传播会使企业的危机迅速公开化，成为大众关注的焦点，以及各种媒体竞相报道的素材，这一焦点考验着企业与媒体的沟通能力。④破坏性。对于企业来说，危机不仅会影响正常的经营秩序，还可能会破坏企业形象，从而影响企业未来发展[114]。

在网络的特殊环境下，企业危机信息在传播过程中出现了很多新的特点。

（1）传播主体由单向转为多元。传统信息传播的主体是政府，信息由政府控制；政府拥有最丰富的可配置社会公共资源和80%的社会信息资源，并主动发布信息。然而，随着互联网的普及和公众民主意识的增强，越来越多的人成为信息发布的来源，也有越来越多的媒体参与其中。突发事件信息发布载体由电视转向新闻网站、博客、论坛、手机、视频、BBS（bulletin board system，网络论坛）等，形成了政府、媒体、公众发布的格局。

（2）传播模式由线性转向互动。传统媒体是自上而下传播的，即在发布新闻、引导舆论、监督社会的过程中，话语权主要由媒体控制，公众很难享有充分的话语权。网络环境下的通信方式是双向的、交互式的。公众既是信息的接收者，又是信息的发布者。这给了普通人更多的机会参与公众讨论，表达一个人的情感、态度和观点。

（3）传播途径更加多元。科技发展带动网络信息传播方式的升级变革，微信、微博等“微”平台的出现为企业危机信息的传播提供了更加多样的个性化传播渠道；移动上网设备尤其是智能手机的出现，让受众有了随时随地获取和发布信息的能力。在当今的网络环境下，公众几乎不受任何制约地参与到企业危机事件的网络传播中，使得企业危机信息在网络上进一步爆发式扩散。

（4）传播内容更加丰富。传统媒体版面和时间有限，网络媒体可以加强深度报道。网络的高度链接，使企业危机事件的信息和内容能够深入报道和跟踪，并配有相关的图片和视频。公众可以了解企业危机事件的原因和后果，事态的进展，以及政府对事件的态度和措施。

（5）传播节点匿名性。在网络环境下，信息传播者与受众之间的界限划分不清晰，企业危机信息传播的参与者之间像是被关系连接起来的复杂网络，每个参与个体都可以看作一个信息发布与获取的节点，这种节点与传统信息发布组织不同，传统信息发布往往由政府或媒体来进行，信息来源有迹可循，而网络环境下的企业危机信息传播节点是匿名的，个体可以自由地表达观点而无须承受舆论环境的压力。企业危机信息网络传播的匿名性造成权利与责任的不平衡：公众有发表言论的权利却无须为此承担相应或对等的责任。

（6）传播信息更易失真。企业危机信息在网络上的传播并不是单纯的复制，参与网络信息传播的群体成分复杂，企业危机信息在网络传播中不断再次生产，很容易导致原有信息的变形，从而引发影响更大的危机事件。

（7）传播速度更加快捷。在传统媒体垄断的时代，危机是局部的，某些信息只会影响媒体最初分布的区域。如今，由于网络媒体的及时传播，一旦发生重大突发事件，信息在网络上迅速而广泛地传播，如四川广元的“蛆橘事件”，使得地区性的危机渐渐演变为全国性甚至国际性的危机。

（8）传播时间更为持久。网络信息可以在互联网上多次重复传播，这使得企业必须长期关注互联网上的危机事件报道。因为，尽管危机可能已经过去，但互联网上关于危机的信息仍可能被复制、粘贴，或作为相关事件的比较，影响深远。

## 5.2 企业危机的网络传播模式

模式是对某一事项或实体的内在机制与外部联系进行的一种直观简洁的描述[115]。通信模式是通信元素的组合形式。它是现代传播实现的一种理论形态，揭示了传播的过程和结构，揭示了各种要素之间的相互关系。传统的信息通信，其典型的通信方式可分为两类。

1. 单向式线性传播模式

传统的单向式线性传播模式，以拉斯韦尔程式和香农-韦弗模式最具有代表性。

美国学者 H.拉斯韦尔在他著名的论文《传播的社会职能与结构》中，最先提出了构成传播过程的五种基本要素，即著名传播要素理论拉斯韦尔程式，又称“5W 模式”，如图 5-1 所示。这五种基本要素包括：①谁（who）——传播主体；②说什么（says what）——传播内容；③通过什么渠道（in which channel）——传播媒介；④对谁说（to whom）——传播对象；⑤产生什么效果（with what effect）——传播效果。

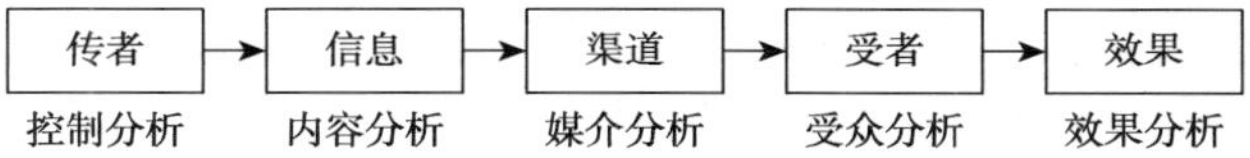


图 5-1　拉斯韦尔程式

大约同期，美国两位信息学者香农和韦弗在《传播学的数学理论》当中提出了传播过程的数学模式，后来被命名为香农-韦弗模式，如图 5-2 所示。

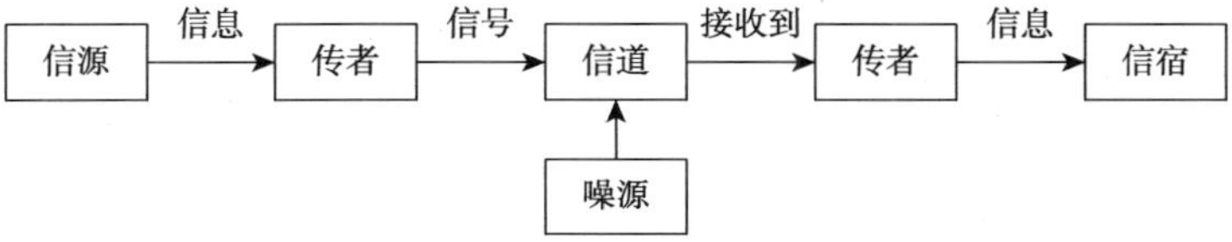


图 5-2　香农-韦弗模式

2. 双向循环式传播模式

传统的单向式线性传播模式存在两方面的不足：信息反馈相对缺乏；客观社会环境的约束和双方的积极因素被忽略，这是影响信息社会性传播的两大重要因素。即为了克服该模式的不足，研究者提出了一种信息传播的双向循环式传播模式。

双向循环式传播模式是一种双向的循环式运动过程，较单向式线性传播模式是一种极大的进步，由美国学者施拉姆率先提出，奥斯古德进行了补充完善。该模式引入了反馈机制，将反馈过程与双方的交互过程联系起来，将沟通理解为一个交互的循环过程;在这个循环系统中，反馈也是一种自我调节和控制。为了维护、发展和达到一定的目的，需要根据反馈信息调整自身的行为，使通信系统基本上始终处于一个良性循环可控状态（图 5-3）。然而，这种模式是建立在双方的关系完全等同于社会交往的现实的基础上的，必然会有理想化和简单化的倾向。

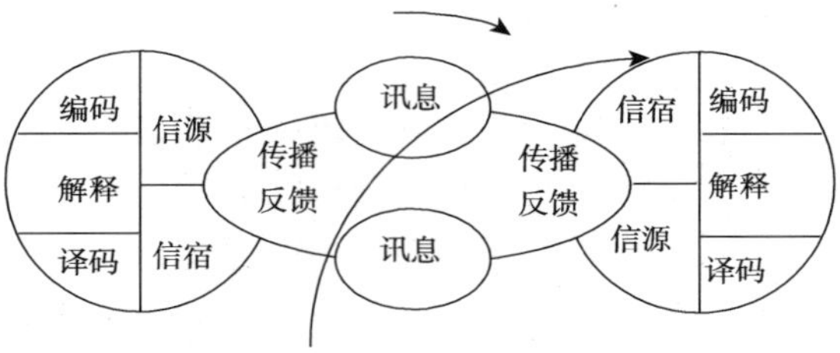


图 5-3　信息的双向循环式传播模式

# 5.3　企业危机的网络传播结构

## 5.3.1　信息网络传播结构

信息内容及其性质无疑会直接影响信息用户的评价与态度，但是信息所处的传播结构同样能促进、激活或抑制、阻碍信息的网络流动。有些信息从被发布到网上开始，就异常活跃，在网上获得迅速而广泛地扩散，其产生的影响力甚至超过了信息自身的能量，有些还因此进入了某些网络数据库，获得信息的持久循环；有些信息从一开始，就永远地停留在了原地[116]。不同信息在网络中遭遇了不同的命运，传播结构是一个极其重要的原因[117]。网络传播中的各个要素及其相互关系在网络传播中体现的作用方式和作用机理复杂，使得在技术上不算太复杂的网络结构平台上的传播活动却异常复杂[118]。传播活动的复杂化会导致最终的分析传播效果变得更加不明朗。网络传播的效果取决于网络传播对应的社会结构、传播效果的系统作用机制。网络传播效果分析的复杂性源于网络属于多元主体的多级次传播平台，各级次之间的传播方式互为影响与相互作用机制的复杂性，而且受众传播权的回归与网络空间传播者的平民化，使得网络传播在一定程度上容易放大被传统传播忽略的极度弱势[119]。

传播至少必须具备信源、讯息、传播通道、信宿和传播效果五个基本要素，即传者、信息、信道、受者和效果[120]。网络信息传播的结构就是网络信息传播中各要素的关系构成方式与运动方式，即传播者、受众、传播内容、传播渠道、传播环境等的相互作用方式[121, 122]。网络信息传播结构也就是信息在网络上运动的规律，它是企业危机信息和企业危机公关信息在网络上运动变化的基础。

在信息传播中，信源、讯息和信宿是最基本的传播要素。尽管网络信息传播有着独特的传播通道和传播效果，信源、讯息和信宿三个基本要素仍对网络信息传播结构起着重要的作用。对网络信息传播结构的构建应当从传播的三个基本要素入手，认识信息在网络传播过程中的演化生命周期，从而厘清最基础的传播类型和方式，再逐级聚合，由简入繁，最后方能获得网络传播的总结构[123]。

图 5-4 显示了信息生命周期演化的全过程。信息因为某种需要而被生产者策划生产出来，经过传播交流，经历了孤寂的离散游弋、交流、碰撞、冲突斗争，最后虚假的和没有价值的信息被淘汰、消亡，缺乏价值的信息逐渐被沉淀掉，有价值的信息一类是被聚合创新而升华成为价值更高的信息，源信息被继续保留，并在该簇类信息所代表的新的知识体系内被重新组织和序化，另一类是因为自身的价值而存在下去，并寻找机会碰撞升华。

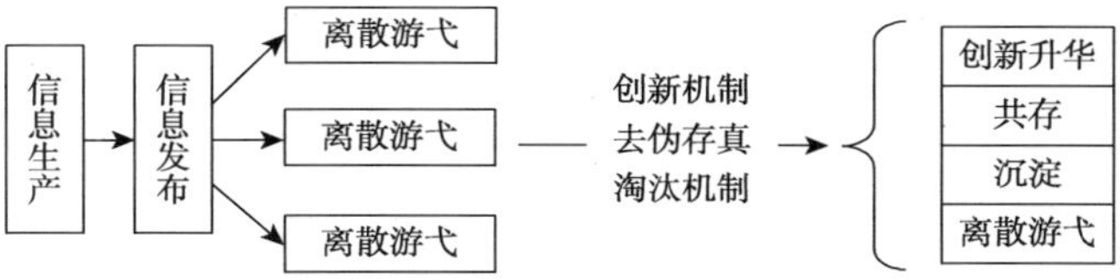


图 5-4 信息生命周期演化过程

网络传播中信息生命周期演化过程与此基本类似。不过，在网络传播中，由于传播的广域性、高效化、多媒体充分交互性，信息生命周期演化过程表现得越来越短，即信息被迅速地策划生产出来，迅速广泛地传播与交流，迅速地升华或沉淀、消亡，有价值信息在多级次传播中获得迅速地螺旋上升，虚假和无价值信息则迅速被淘汰而走向消亡，而且多级次传播中的信息通道趋同。因此，信息源头主体结构，信息的发布结构，信息的流动结构和信息的循环结构这四个部分构成了网络信息传播结构，同时构成了一条信息演化的生命周期，从产生、发布到流动、升华或消亡。

1. 信息源头主体结构

不论信息发布的内容如何，发布的信息内容归属于哪一类，是文献知识、新闻，还是一些对事物、事情和某些行为事件的意见与看法，不论是初级次信息发布，还是阅读他人信息的情感共鸣，每一次的信息发布、流动与循环都离不开某个主体。即信息总是从某个主体、缘于某种目的或某个理由、通过某些途径诞生于网络的某个角落。这个主体既可能是媒介组织、企业主体或公益组织，也可能是个体公众等，可能是为了实现组织的营销宣传，也可能是利益的争夺、个人情感的宣泄或道德与正义的维护等，往往出现于某些站点新闻网页、BBS 论坛帖子、电子邮件或其他的网络传播通道等。根据网络传播的信息源头主体的属性类别，可将传播者细分为企业组织、媒介组织、公益第三方组织、个人和群体五个类别，如图 5-5 所示。

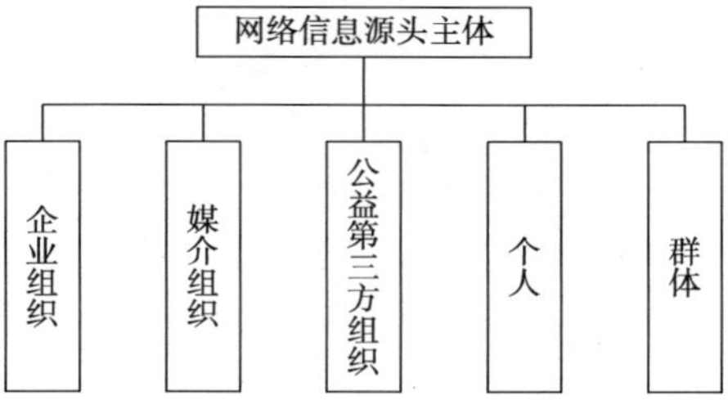


图 5-5　网络信息源头主体结构

2. 信息发布结构

信息在网上生命周期始于信息的网络发布，发布结构的不同对于信息的流动有着重要作用[124]。信息在网络中流动的过程是信息再次发布的过程。在每一次信息的扩散中信息发布结构都在发挥作用。在网络环境中，信息之间的关系、信息发布渠道之间的关系严重影响到信息能否扩散、互动、升华及其传播方向的可控性和传播绩效[125]。信息发布结构不仅体现了网络技术平台带给信息发布的支持和约束影响，更展现了信息发布者和信息接受者之间的可能关联性。信息的网络发布技术手段决定了网络信息发布的机构。总的来说，信息网络发布结构主要有直线式、层次式、队列式几种模式[126]，如图 5-6 所示。

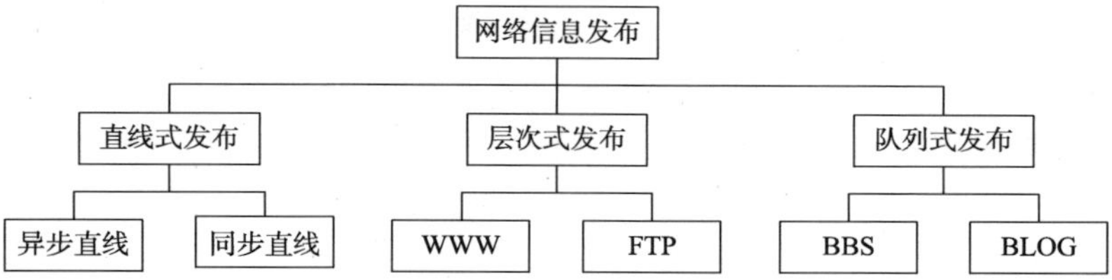


图 5-6　网络信息发布结构

FTP：file transfer protocol，文件传输协议；BLOG：博客

（1）直线式网络信息发布模式。直线式指信息发送者与接收者之间直接相连。直线式是连接信息发送者与信息接收者的最便捷的途径，可以单条信息或多组信息打包进行点到点发送，如通过邮件、ICQ（I seek you）或网络短信等来进行的信息发布。直线式结构根据传播主体与受众是否处于同一时间点位分为异步直线式与同步直线式两个子分支。

异步直线式结构，信息的发布者处于主导地位是其特点之一，信息的接收者会处于相对被动的状态，如电子邮件，虽然信息可以被删除，但不管接收者是否需要该条信息，都会被动接收到信息。异步直线式结构是信息发布结构中一种具有强制性的模式。信息接收者的网络地址在这种结构中起着开关的作用。如果需要实施信息的发布那么发送者则需要获得接收者的网络地址。而信息接收者可以通过运用软件屏蔽过滤或废弃现有接收工具账号来拒绝该信息源发来的信息。异步直线式结构是一种既容易被控制同时也容易被破坏的单通道结构。

在同步直线式结构中，信息发送者与信息接收者的地位基本平等，当信息接收者被信息发送者呼叫时，接收者可以按照自己的意愿来决定是否接收其呼叫并建立相关链接。同时，是否中止连接也可以按照接收者对对方信息的内容和态度来决定，如网上即时通信工具 ICQ 等。在直线式网络信息发布模式中，信息接收者如何判断与评价收到的信息本身及信息发送者，是决定信息能否被正常接收与查阅的重要因素。所以，在直线传播中，接收者的态度、发送者形象、信息发送的方式与方法至关重要。

（2）层次式网络信息发布模式。通过 WWW 网站或 FTP 服务器发布信息，信息之间的关系呈现层次树状结构。信息被发布者人为地划分为几个层次，每个层次的信息都有所不同。位于高级别的信息相对容易被接收，而位于低级别的信息则不太可能被接收。一般来说，层次树的层次与信息被注意和接收的概率正相关。层次结构能较好地体现信息发布者的主观意志，信息发布载体是网站，是一种点到面的多通道出口信息传播方式。现在传播者通过在站点页面改善内链接，信息从垂直层次变换成可非线性阅读的网状空间结构，站点浏览受众也可主动使用页面收藏夹收藏低层次站点页面来改善垂直层次阅读的被动局面。

（3）队列式网络信息发布模式。信息发布的结构呈现出“队列式”特点，一般按发帖的时间顺序、点击指数、关注度等排队，如 BBS 发帖。这种类型的信息发布结构是一个多对多的信息交付模型。它提供了一个多通道出口。一旦信息被接受，它的进一步流动将比线性信息发布结构更加强大。

### 3. 信息流动结构

从信息发布者的角度来看，其信息发布的目的是希望其能够获得进一步的流动，以达到广泛传播的目的。信息能否流动和如何流动取决于以下因素：信息本身的价值、信息的发布结构、信息发布者的质量和权威、信息接收者的过滤。网络中的信息流通常是一种网状的可渗透结构。它沿着网络的物理结构渗透。在这个过程中，信息本身被不断地复制和倍增，形成一个分流，最终呈几何级数增长。复制在进入新一轮发布过程的同时完成，即以线性、排队和分层的方式再次发布，以开始下一个生命周期。具体的信息流动结构如图 5-7 所示。

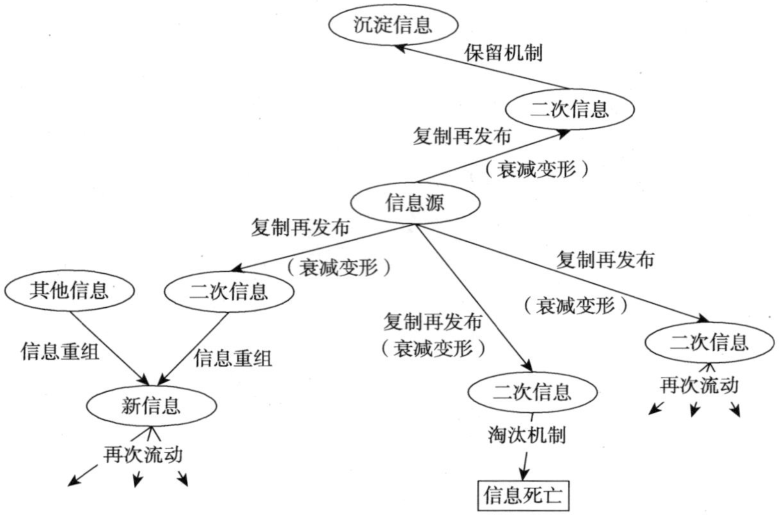


图 5-7　网络环境下的信息流动结构

互联网本身的物理结构使信息流动多样化。在物理结构方面，网络中任意两个节点之间的连接都可以非常丰富。如果一条信息本身具有流动的能量，要切断它的流动路径是极其困难的，有时甚至是不可能的。这也是为什么有些人认为“看门人”不再存在于互联网上的原因。而传播学中的“守门人”理论指的是媒介的守门人功能。从网络信息的流动结构来看，信息流动的方向是无法把握和控制的，但正如上文所指出的，每一次信息的扩散都是信息的复制。这个副本是被人操纵的。这个操作是一个检查。对于媒体来说，也不例外。因此，我们不能否认媒体的核查功能。但是，虽然每个个体主体都可以在信息流中发挥一定的作用，但总的来说，信息流并不是完全由任何个体主体控制的。

虽然信息的流动是以复制为基础的，但在复制过程中也存在着信息衰减和变形的可能性。信息衰减是指以碎片或部分的方式复制信息。个人的利益偏好、具有一定目的的意图，或者信息复制条件的限制，信息的复制选择和原始信息的部分缩减会导致信息传播的衰减。与一般信号的衰减不同，信息的衰减可能导致整体信息的失真。断章取义地使用信息碎片甚至会改变信息的原本含义，与信息的原本含义背道而驰。信息的转化是指一定层次的受众对信息的刻意加工，使变形后的新信息偏离信息的原始状态，变形后的信息继续在网络上传播。

4. 信息循环结构

信息循环是指信息在被释放和流动后，长时间驻留在网络空间中，并不断循环的过程。网络服务数据库是信息循环的必要工具。信息循环结构是一种“提取”

式信息获得结构，信息用户发出信息需求请求，数据库检索软件开始检索工作并提取目标信息，传递给用户界面，用户提取使用，信息进入循环利用。在信息循环中，数据库或搜索引擎的功能直接影响到特定的信息循环服务，一个特定的查询请求能否得到满意的回答，信息能否顺利检索。同时，它是一种“类群”的信息获取结构。受众发出信息需求指令，这一“类别”中的信息组经常被检索到。信息组中的信息高度相关。两者相辅相成，相互印证，共同展示一个主题。图 5-8 显示了网络信息循环结构。

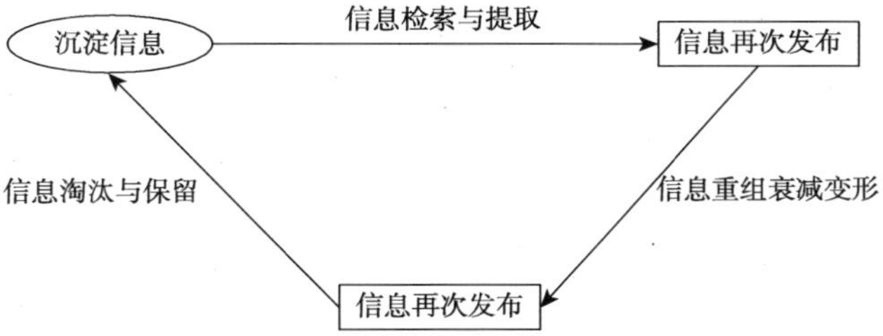


图 5-8　网络信息循环结构

## 5.3.2　企业危机网络传播结构

根据香农的信息论模型，结合网络信息传播的特点，企业危机网络信息传播有三个基本要素：传播主体、传播客体和传播渠道。传播主体是指传播活动的承载者，即信源和信宿；传播客体是指所述通信活动所指向的对象，即信息；传播渠道是指传播活动的媒介，即网络平台。

1. 企业危机网络信息传播主体

从范畴上看，传播主体包括网民、媒体、商业组织和政府，在不同的传播活动中，网民、媒体、商业组织和政府是传播的源或汇。网民是网络活动的主体，是企业危机网络信息传播的核心。根据网民对企业危机信息的不同反应，可以将网民分为五类：意见领袖、控制者、参与者、关注者和旁观者。媒体是指网络媒体，是指报纸、广播电台、电视台、通讯社等传统新闻机构建立的从事新闻传播的媒体网站、商业网站和其他发布新闻信息的网站。商业组织是企业危机的应对者，商业组织在危机传播的处理中占主导地位，具有决定性的作用。政府是企业危机信息的权威发布者，在企业危机的网络传播中，对公众有巨大的影响力[127]。

2. 企业危机网络信息传播客体

企业危机事件在互联网上的大规模传播，需要一定的爆发点，这是值得转载、讨论和跟踪的，是相当热门的。在企业危机网络信息的划分中，从来源和属性上可以分为两类标准：一类依据内部标准和外部标准分为内生信息和外生信息。内生信息是指企业危机在形成和发展过程中所产生的信息，如危机的潜在征兆、危机爆发的征兆信息、危机影响的数据信息等。外生信息是指企业危机管理主体在其管理过程中各个阶段形成的信息，以及媒体和公众对公共危机管理的评价信息，如调查报告、公告、评论等。另一类根据叙述和论证的标准分为事实信息和意见信息。事实信息是满足认知需要的信息，总是指向对命题、客观陈述和内在原因的分析；意见信息是为人们提供意见、评价和指导的信息，是指关于综合命题、主观评价和外部原因的信息。

3. 企业危机网络信息传播渠道

广义地说，信道不仅传输信息，而且存储信息。从某种意义上说，信息的传递过程也是信息的存储过程。如果两个人在 QQ 上聊天，网络就会在这段时间起到传递和存储信息的作用。同样，网络信息传播的渠道也是一样的，它是传递网络信息的渠道，起着传递和存储信息的作用。它将信息按照一定的符号规则编译成信号发送，并通过一定的媒介及其发送器将信息发送给接收者。接收者通过某个接收器接收信号，并将接收到的信号转换成信息。网络信息传播渠道是信息传播的网络平台。网络平台非常广泛，并在不断变化和发展，主要包括电子邮件、在线论坛、博客微博、媒体网站、SNS（social networking services，社交网络服务）社区、即时通信工具等。

## 5.4 企业危机的网络传播过程

由于网络传播平台的特殊性，企业、新闻媒体、各种利益公众和各类关注公众都会从自身的主观认识角度出发，在网络中行使网络传播权。网络传播中与企业密切相关的信息有两种，一是可能使公众对企业产生负面评价，从而有可能导致企业网络危机的信息，称为危机信息；二是危机信息开始传播后，企业或其他个人组织发布的以纠正这种负面评价为目的的信息，称为危机公关信息。危机信息又可根据信息初始状态的差别分为危机新闻和危机意见两类。危机新闻是各种组织或个人发布的纯新闻或新闻类信息的汇集，其传播过程与普通的网络信息传播过程类似。危机意见是由纯新闻或新闻类信息所激发的主观认识与看法，以及多层由意见或意见与新闻互为激发的新级次的主观认识、观点与看法混合组成的多层意见流。

网络上的危机新闻流和危机意见流不同于传统传播中的新闻信息流和意见流。在传统传播中，新闻信息流和意见流往往是媒体和传播者这一级次，由于传播者占据了主导地位，受众处于被动地位，受众由于群体的离散性，其新闻信息流和意见流缺乏发布与传递渠道，影响力微弱，往往被忽略。随着传播的发展，虽然逐渐注重和增加了传播反馈，但这种反馈大多是事后的，缺乏即时性和直接性，其影响力仍然微弱。所以，传统传播中的新闻信息流和意见流是单层次的，并由传播者占据绝对的主导地位。

相反，在网络传播中，新闻信息流和意见流是多级次的。除了企业、媒介组织作为传播者发布之外，还有广大的网络受众运用网络赋予的传播特权进行多级次的新闻和意见发布。由于广大民众都拥有了传播权，危机信息中意见流所占的份额无论是在数量方面还是在影响力方面都大大增加。

危机意见的形成过程大致可以分为三个阶段。第一阶段为个体意见阶段，在此阶段个体网民就危机事件发表自己的意见和看法。这些意见的特点是离散性强，分散于网络空间的虚拟点阵。个体意见阶段是网络意见形成的初始阶段，传播的能量一般不大，但如果是极具新意、极有道理或权威的意见声音，往往能获得快速的升级，可能迅速成为引领某网络社群的主流意见、代表观点。第二阶段是社群意见阶段。个体意见经网络传播，与同质意见汇聚完善并与异质意见冲突斗争后，在某一社群中占据了主导地位。社群意见中的强势意见一般称为该社群的主流意见或代表意见，当然，任何社群中都存在弱势意见。强势意见往往能在网络中实现更为强劲的扩散，而弱势意见往往通过意见流动，寻找其他社群中的同质意见，以增强本意见群的斗争实力。这一阶段的意见传播流动的能量较强，往往能获得更大范围的网络扩散。第三阶段是网络意见阶段，具有舆论的代表性，代表了网络传播中关于此危机事件及其企业危机传播的意见与看法。社群意见经过冲突与斗争，主流观点地位已经奠定，各种意见声强的网络格局基本形成。网络意见的传播能量更强，往往能影响网络上新个体的意见形态，社群的意见形态乃至于影响到传统媒体传播。图 5-9 为网络环境下危机意见传播的三个阶段。

危机意见形成的三个阶段也构成了危机意见传播的三个层级。不同层级的意见的影响力和传播能量不同。这种传播能量不仅是能传播的范围，更重要的是能影响受众对该危机事件及其企业危机公关传播行为的心理认知，传播能力与其建设力和破坏力呈正相关关系[128]。

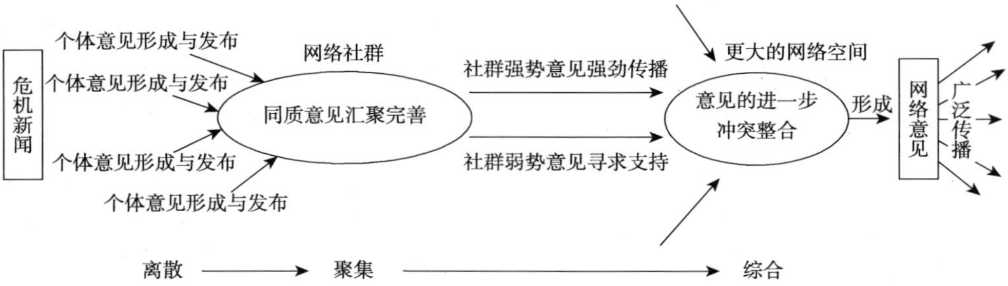


图 5-9　网络中危机意见的传播过程

# 5.5　网络传播环境对企业危机的影响

互联网使普通大众获得了方便的传播渠道和接收信息渠道，网络环境下企业危机的产生与发展过程显示出与以往不同的形态。依据我们前面对网络信息传播结构及危机信息传播过程的分析，可以发现网络传播对企业危机产生与发展的影响与作用规律主要表现在以下几个方面。

1. 网络环境下危机来源难以预测和追查

一旦企业的某项行为或某种结果引起了某个消费者或普通民众的关切，他就可能通过互联网发布相关信息。当企业自身无法预测到自己的哪项行为或哪种结果会引起消费者或民众的关切时，企业难以预测危机信息的来源。由于网络的匿名性，当危机产生后，很难追查最初信息的发布者，如佛山百花广场非典谣言案中，虽经公安机关多方侦查，也未能找到谣言的来源[129]。

2. 危机网络传播和发展的渠道众多

最初的危机信息在网络上发布后，对消息关切的民众往往会自发地利用互联网信息传播的各种渠道将危机信息再次发布。互联网上不可胜数的网站、论坛、私人聊天、电子邮件都可以成为危机信息传播与发展的渠道。

3. 逐渐转变为普遍关切话题

由于互联网上有着海量的信息，许多信息在被发布的时候也就是被湮没的时候。信息的传播者为了能够让自己的信息引起更多民众的注意，在传播信息时可能会对信息进行加工，甚至人为地增加一些普遍关切的话题。这使得信息在传播过程中失真程度越来越大，并且转变为民众普遍关切的话题。

4. 传播速度快、范围广、影响大

由于互联网的开放性、交互性和实时性，危机信息能够迅速地在网上传播。特别是那些涉及普通民众关切的话题，能够在很短时间内引起众多民众的注意并且得到他们的进一步传播。

5. 后期难以控制

互联网使几乎所有人都得到了广泛传播信息的权利，因此，在所有的媒体中，互联网的可控性最差，企业和政府部门都难以干预信息在网络上的传播过程。由于互联网上每天都有着大量的信息发布，再加上普通民众的猎奇窥秘心理，正规的、权威的信息反而得不到普通民众的重视，在网络上传播的范围和影响都容易受到限制。这种特性使得企业危机信息能够在互联网上得到广泛的传播，而企业的危机公关与干预信息的影响反而有限。特别是在网络企业危机的后期，由于危机信息已经开始广泛传播，企业的干预对危机信息传播的影响将变得十分有限。

6. 迅速与其他传播方式互动

由于互联网信息的海量性、易检性、实时性，许多传统媒体开始将互联网作为自己采集信息的来源，由普通民众发布的企业危机信息可能很快就为传统媒体所报道使其显得正规且权威。在传统媒体的信息中，那些能反映普通民众关切的信息也迅速通过网络开始第二轮传播，影响更多的民众。此外，网络传播还容易和人际传播互动。

7. 危机信息长期驻留网络

由于互联网能容纳大量的信息，即使在网络企业危机过去之后，相关的危机信息依然会长期驻留网络。虽然互联网上的海量信息易使其湮没，但网络信息的易检性使相关信息可能被关注者再次得到，并进行再一次的传播，从而再次造成企业危机。

# 6　网络环境下的企业危机预警系统

## 6.1　网络环境下企业危机的预警范畴及预警目标

在信息时代和网络环境下，由于危机信息惊人的传播和扩散速度、令人震惊的破坏力是危机治理成败的关键，处理时效首当其冲。在危机的预防、预控和处理中，强调快速和第一时间，时间对于危机的防、控和应急处理是最为宝贵的资源，也是最大的压力所在，能否赢得时间直接关系到危机管理的成败。

面对危机企业总是显得那么尴尬、无助、脆弱和不堪一击。究其原因，主要是企业对危机缺乏预警或有效预警不足，导致在危机萌芽或危机发展阶段，没有及时地控制或排除致危因素，缺乏有效地预防、预控，没有及时将危机消灭在摇篮之中。而信息时代，企业危机借助网络传播平台，其对企业的打击力迅速升级。企业危机预警是危机管理中最具实质意义的管理环节，也是目前理论界和实践界研究的热点。

### 6.1.1　企业危机分类体系

从不同的角度，依据不同的划分标准，企业危机有许多种类型，这些不同的划分标准和划分结果类型也使得我们能从不同的角度来把握企业所面临的各种危机。但目前对企业危机的划分还不成体系，往往凭借一些经验重点关注一些危机，如产品危机、服务危机、管理危机、制度危机、机制危机、领导危机、观念危机、财务危机、生产危机、人力资源危机、技术危机、形象危机、信用危机、环境危机、政策危机、资源危机，不成体系、不够科学的危机分类，导致企业危机在划分上交叉重合严重，危机遗漏也不少，这既不利于危机预警，更不利于企业危机的预防、预控和应急治理。

以下是企业常用的几种危机分类方法及其分类结果。

以企业为核心，按照危机出现的层面可将企业危机分为战略层面危机、职能层面危机和执行操作层面危机三个层面，这三个层面的危机在影响时间上为从长到短，从抽象远景到具项事务的具体操作。战略层面危机主要聚焦于市场、业务、技术、竞争及国际化等方面，其影响企业的长远生存和发展。职能层面危机包括财务危机、人力资源危机、技术危机、市场营销危机、生产危机、采购危机、行政运营危机等企业职能领域所涉及的诸多方面。当然职能层面危机具体分解下去就会得到企业在执行操作等微观层面上存在的各种危机，如员工的观念危机、具体操作方法与技能上的缺陷导致的危机、制度与机制危机、各项资源保障可能存在的危机等。依据企业所面临的各种环境来划分，有宏观环境危机、中观环境危机和微观环境危机。企业在经营过程中要重点关注以下环境变化可能带来的影响和冲击。宏观环境危机：①政局的稳定性、政治方针及政策的稳定性与连贯性；②经济总量状况、经济结构、消费结构；③法律的公正性，当前的法律漏洞，新出台的法律法规影响；④技术环境；⑤资源环境变化；⑥社会文化环境。中观环境危机主要体现在产业结构和行业格局上。微观环境危机重点关注：①客户；②竞争；③合作；④企业内部；⑤政府微观管制；⑥若干独特的关键公众。同时在企业经营过程中，在预警学习与危机管理能力不断得到提升的过程中，针对危机还必须形成影响力和破坏力差异的危机分类划分标准，并与以上两种标准联立形成严谨的企业危机分类体系。

根据以上不同类型的危机分类，本书根据企业在经营管理过程中遇到的危机，详细地介绍八种危机类型，即信誉危机、决策危机、经营管理危机、灾难危机、财务危机、法律危机、人才危机和媒介危机。

（1）信誉危机。它是企业在长期的生产经营过程中，公众对其产品和服务的整体印象和评价，是企业由于没有履行合同及其对消费者的承诺，而产生的一系列纠纷，甚至给合作伙伴及消费者造成重大损失或伤害，企业信誉下降，失去公众的信任和支持而造成的危机。

（2）决策危机。它是企业经营决策失误造成的危机。企业不能根据环境条件变化趋势正确制定经营战略，而使企业遇到困难无法经营，甚至走向绝路。

（3）经营管理危机。它是企业管理不善而导致的危机，包括产品质量危机、环境污染危机、关系纠纷危机。第一，产品质量危机。企业在生产经营中忽略了产品质量问题，使不合格产品流入市场，损害了消费者利益，一些产品质量问题甚至造成了人身伤亡事故，由此引发消费者恐慌，消费者必然要求追究企业的责任而产生的危机。第二，环境污染危机。企业的“三废”处理不彻底，有害物质泄漏，爆炸等恶性事故造成环境危害，使周边居民不满和环保部门介入而引起的危机。第三，关系纠纷危机。由于错误的经营思想、不正当的经营方式忽视经营道德、员工服务态度恶劣，而造成关系纠纷产生的危机。例如，运输业的恶性交通事故、餐饮业的食物中毒、流通业出售的假冒伪劣商品、银行业不正当经营的丑闻、旅店业的顾客财物丢失、邮政业的传输不畅、旅游业的作弊行为。

（4）灾难危机。它是指企业无法预测和人力不可抗拒的强制力量，如地震、台风、洪水等自然灾害，战争、重大工伤事故、经济危机、交通事故等造成巨大损失的危机。危机给企业带来巨额的财产损失，使企业经营难以开展。

（5）财务危机。企业投资决策的失误、资金周转不灵、股票市场的波动、贷款利率和汇率的调整等因素使企业资金暂时出现断流，难以使企业正常运转，严重的最终造成企业瘫痪。

（6）法律危机。它是指企业高层领导法律意识淡薄，在企业的生产经营中涉嫌偷税漏税、以权谋私等，事件暴露后，企业陷入危机之中。

（7）人才危机。人才频繁流失所造成的危机。尤其是企业核心员工离职，其岗位没有合适的人选，给企业带来的危机也是比较严重的危机。

（8）媒介危机。真实性是新闻报道的基本原则，但是由于客观事物和环境的复杂性和多变性，以及报道人员观察问题的立场角度有所不同，媒体的报道出现失误是常有的现象。一是媒介对企业的报道不全面或失实。媒体不了解事实真相，报道不能客观地反映事实，进而引起的企业危机。二是曲解事实。由于新科技的引入，媒体还是按照原有的观念、态度分析和看待事件而引起企业的危机。三是报道失误。人为地诬陷，使媒体蒙蔽，引起企业的危机。

以上介绍了企业危机分类体系，我们只有了解了企业危机体系，才能更好地构建企业危机预警系统，从而解决企业危机。

### 6.1.2　企业危机预警范畴

在现代社会环境下，引发危机的因素越来越多，危机爆发的频率也越来越高，而且危机通常在没有预防、缺乏准备的情况下爆发。随着互联网络的广泛普及，网络用户数量迅猛增长，网络极大地削弱了媒体“把关人”的职能，模糊了传播者与受众间的界限，凭借传播的全天候、跨时空、快速、及时、匿名、个性化、互动、低成本等特点，危机的负面信息将在网络空间以更快的速度被传播、聚焦放大，迅速弥漫整个网络，并有可能形成新的危机，对企业造成多维伤害。同时，在网络环境下，互联网络平台不仅助推危机，还滋生新危机。

企业危机预警就是对企业的危机状况进行预测和警示。一般来说，企业危机出现前总会有一些迹象，释放出一些征兆，透过这些迹象和征兆，企业可以对已经面临的危机诱因和即将出现的危机做出初步的判断，并发出危机警示，做好防范措施和应对准备。危机预警是危机管理的第一步，也是危机管理的核心关键，随着企业危机的常态化发展态势，在网络环境下，危机预警的地位越来越重要，作用越来越明显。

从图 6-1 的企业危机预警范畴及目标图可以看出，在网络环境下，企业危机的种种迹象和征兆会在线上和线下有多种形式的体现，在企业内部和企业外部有所交互，在企业的基础执行操作上有所反映，网络环境下的危机预警就是要通过对种种迹象和各种危机征兆的捕捉，发现危机踪迹或危机隐患，为危机预防和应急治理提供危机源头、危机属性、危机诱因及危机可能影响到的利益相关者对象构成。所以，网络环境下的企业危机预警必须基于前文所构建的危机分类体系，围绕危机的来源环境层面、企业的运作领域层面、危机传播的渠道通路层面和危机的破坏影响力层面，开展全方位、全天候、全过程、全领域、全员预警。

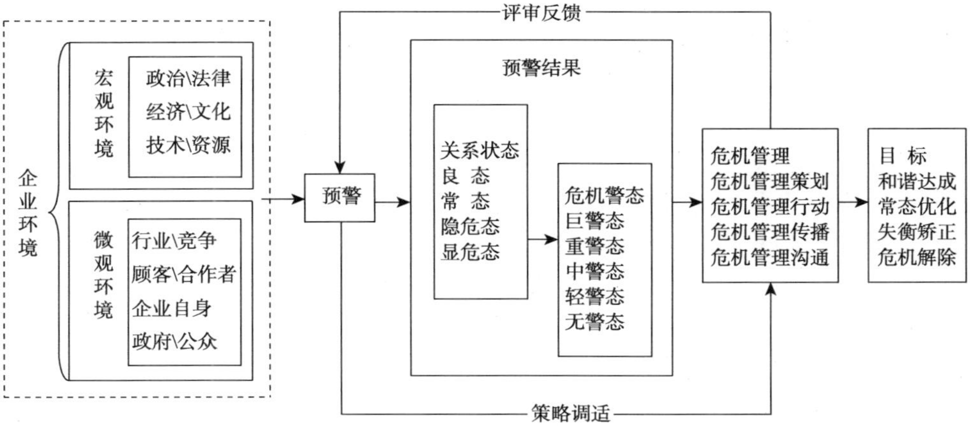


图 6-1　网络环境下的企业危机预警范畴及目标图

## 6.1.3　企业危机预警目标

企业危机是指企业在经营过程中针对企业可能面临或正在面临的危机，对危机预防、危机识别、危机处理、危机总结等一系列管理活动的总称。其本质可以理解为一种计划、一种模式、一种定位或者一种观念。作为一种计划，危机管理要求企业树立明确的危机管理意识和理念，将危机预防放在第一位，企业管理者要倡导“末日管理”思想。作为一种模式，是指企业要建立相关危机管理机制，形成行为规范。作为一种定位，危机管理要在企业与环境间发挥最大效力，把企业的重要资源集中到最需要的地方，形成企业的竞争优势。作为一种观念，危机管理要与价值观、企业文化等内容融为一体，与组织成员的期望和行为互动，形成企业持久核心价值观。

在信息时代和网络环境下，面对层出不穷的企业危机，预警是企业生存和发展的前提。企业必须对危及自身生存和发展的各类危机进行事先分析与预测，提前发出危机警示，使企业提早做好策略选择和各项工作部署与资源安排，未雨绸缪。危机预警是现代企业生存和发展的现实客观要求。由于网络环境下信息的传播与流转、交流、碰撞的速度和深度，要求企业必须对线上和线下的传播予以系统监测、分析和评价，精准预警，及时播发警报。我们认为，企业危机预警的目标是通过系统的监测和科学的分析与预测，提前发现危机，及时发出危机警示，以使企业对潜在危机采取有效的预防、控制措施，提早行动，及时消除致危因素，实现危机化解和规避；对未能化解的潜在危机和那些难以控制的现时突发危机提前做好各项应急准备工作，使企业免于遭受危机的破坏和冲击或所受的破坏与冲击最小，甚至超越危机从威胁中寻找新的发展契机，为企业创造更好的生存和发展条件与氛围。通过预警，企业在危机预防、危机预控和危机应急治理中，有的放矢，充分发挥企业有限资源的最大效用。所以，在网络环境下，企业危机预警必须从时效性、准确性、客观真实性、系统全面性及预测方面得到实质性加强和提升，以应对危机常态化的经营时代，同时，加强成本管理意识，注意预警投入的经济绩效，真正实现高绩效精准预警。就大目标方向上而言，通过企业危机预警，实现危机的及时干预、消除，失衡的及时提早矫正，常态关系的日益巩固与稳步优化，共同推进企业经营战略和谐局面和环境的形成，为企业的持久经营保驾护航。

## 6.2 网络环境下企业危机预警系统的建构思路

网络环境下的企业危机预警研究是预警分析应用领域的新课题，属于现代企业管理和公关传播研究领域的边缘交叉前沿课题。它将危机管理、预警分析与网络传播三者结合起来，研究网络时代企业预防危机、应对危机、解决危机的手段和策略等理论问题，以增强企业的危机免疫力，提高企业的危机应变力，使企业真正做到防患于未然和处变不惊。

## 6.2.1 企业危机预警系统的框架结构设计

企业危机预警系统是指通过对预警对象、预警范围、预警指标和预警信息的分析和研究，及时发现潜在的或已经凸显的各种危机和各项致危因素，积极采取有效措施，致力于从根本上预防和规避危机的形成、爆发，减少危机对企业造成的冲击和破坏，对危机提前介入、预先控制、超前管理的系统[130]。其构成如图 6-2 所示。

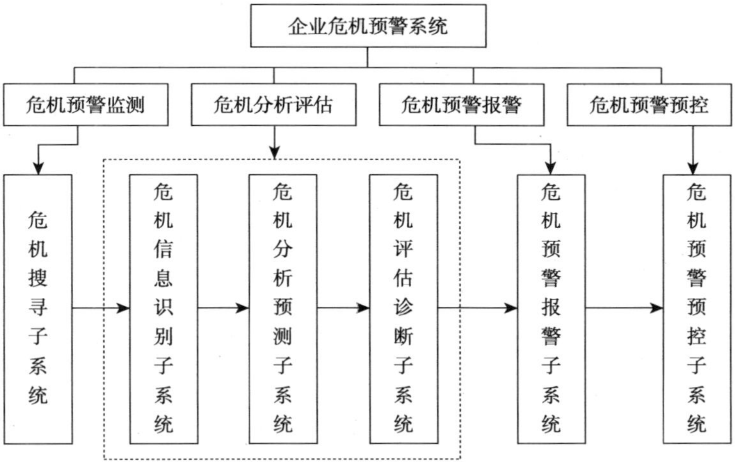


图 6-2 网络环境下企业危机预警系统结构

## 6.2.2 企业危机预警系统的建设流程

明确的企业危机警源和科学、系统的企业危机警情指标体系是企业危机预警的前提条件和必要基础，当然还需要系统的预警制度和必要的人才、资金、技术、物力等资源系统的支持。完备的企业危机预警系统的建立是企业危机有效预警的前提、基础和保障。

1. 建立企业危机分类体系

由于危机的引发和助长因素越来越多，表现形形色色，遍布企业运营与管理的诸多环节，为系统把握危机，最大限度地发挥企业危机治理资源的绩效，必须根据危机的产生根源、表现形式、特点、严重程度、给企业造成的压力、冲击、破坏性及其控制难度、解除难度、控制成本、解除成本等对企业可能面临的各种危机进行科学、客观、系统的分类，建立完整的企业危机分类体系，具体分类如表 6-1 所示。

**表 6-1　企业危机分类简表**

| 分类依据 | 危机分类结果 |
| --- | --- |
| 产生根源环境 | 内部危机、外部危机 |
| 影响层面 | 战略危机、策略危机、操作执行危机 |
| 突发性 | 突发性危机、渐进性危机 |
| 破坏力 | 致命危机、重大危机、一般危机、轻型危机 |
| 表现形式 | 产品危机、服务危机、管理危机、制度危机、机制危机、财务危机、生产危机、人力资源危机、技术危机、形象危机、信用危机、环境危机、政策危机、资源危机等 |
| 紧迫性 | 极度紧急危机、紧急危机、一般危机 |
| 治理难度 | 极困难、比较困难、一般困难、比较容易 |
| 治理成本 | 极其高昂、高成本、中等成本、低成本 |

2. 确定企业危机警源及其在企业经营中的分布结点

根据企业危机分类体系，确定各类危机的滋生、引爆和助长根源因子及其分布于企业经营和管理的具体领域和环节，绘制企业危机警源分布总图和各类危机警源分布详图，并从战略、策略和操作执行三个层面确定危机与警源的对应与互动，以系统掌握企业在各个运营领域和环节可能滋生和引发的危机，危机的类型、特征、对企业的影响及其可能的发展等。

3. 设计企业危机警情指标体系

指标体系是对经济现象特征的整体描述，企业危机的各种警兆只有经过警情指标体系来加以量化、说明与解释，才能得到科学、全面的反映。选择能有效反映企业危机的危机严重程度与危机特征的危机警情指标，以从警情指标历史数值的变动规律与特点中，给警情指标界定客观、科学的警戒区间。一般而言，不同警源的警情对企业总体警情的影响程度不同，所以，不同警源的警情指标对企业总体警情的计算权重有所差别。一般企业危机预警指标体系，如表 6-2 所示。

**表 6-2 一般企业危机预警指标体系**

| 警源 | 警情指标 | 警源 | 警情指标 |
|---|---|---|---|
| 企业战略 | 公众对企业愿景的可达性认知 | 市场 | 产品市场占有率 |
| 企业形象 | 公众对企业经营理念的感知 | | 产品产销率 |
| | 公众对企业产品的形象认知 | | 产品销售增长率 |
| | 公众对企业人员的形象认知 | | 产品质量用户投诉率 |
| | 商业诚信 | | 市场价格的稳定程度 |
| | 商业伦理道德的遵从与坚守 | | 分销渠道的稳定程度 |
| 组织管理 | 组织部门结构的合理性 | | 营销团队的稳定程度 |
| | 组织的运营效率 | | 服务投诉率 |
| | 组织的运营成本 | 技术研发 | 技术研发费用比重 |
| 财务 | 资产负债率 | | 技术研发成果 |
| | 资金利润率 | 公共关系 | 媒体负面报道 |
| | 流动比率 | | 与社区的不和谐 |
| | 速动比率 | 外部环境 | 专利技术超过保护期 |
| 生产制造 | 产品的合格率 | | 技术标准的异变 |
| | 劳动生产率 | | 投资政策的异变 |
| 物流配送 | 市场端缺货发生的频率 | | 经营税赋比例 |

4. 设计企业危机预警系统的运作程序与建设各项制度

预警系统的正常运行离不开各职能模块的协调配合，绩效卓越的预警系统得益于系统科学的程序设计和合理先进的制度安排。规划好企业危机预警系统的作业流程，设计好各项预警职能运作程序，安排建设好配套的预警运作制度。企业危机预警系统的职能运作程序设计包括警源监测与危机信息搜寻运作设计，危机预警信息的识别评价运作设计，警情分析与预测运作设计，危机评估运作设计，危机预警播报运作设计及危机预防预控运作设计六个基本部分，涉及危机预警信息的搜寻、识别、分析、评价、决策支持和预警预控。配套的制度安排主要涉及预警职能设定、预警目标任务分配、资源的调配与协调、运作效能效用的检核等方面。规划和设计好预警作业流程体系，建立健全各项配套制度，提高预警系统在复杂网络传播环境下的预警绩效。

5. 建立与预警系统运行适配的资源保障体系

企业危机预警工作的正常开展，危机预警系统的正常运行，离不开人才、资金、物力、技术等资源的系统支持与配合，为保证企业危机预警工作的正常开展，危机预警系统的正常运行，必须建立预警运作所需要资源的配置与协调机制，保障预警所必需的人力、财力、物力、技术、关系等资源。

# 6.3　网络环境下企业危机预警系统的结构模型

## 6.3.1　预警系统目标

面对激烈的竞争、复杂多变的市场环境，企业必须建立一套预警系统。这可以帮助企业防范与化解危机，并帮助企业在危机妥善防范与处理中总结经验，以便为未来类似问题提供前车之鉴和从根本上消除类似危机再次发生的隐患，实现企业的可持续发展。

企业危机预警系统致力于从根本上防止危机的形成、爆发，是一种对企业危机进行超前管理的系统。预警系统是指对预警对象、预警范围、预警指标和预警信息进行分析和研究，及时发现和识别潜在的或现实的危机因素，以便采取预防措施、减少危机发生的突然性和意外性。企业危机预警系统的目标是起到评估预警信息、发出危机警报，防患于未然的作用。

纵观处于危机状态的所有企业，不难发现我国企业中高层管理人员普遍存在危机意识淡薄，危机识别能力和应对能力薄弱的通病。针对这种情况，企业应强化居安思危的危机意识，并密切关注与企业经营相关的宏观与微观因素的变化，准确捕捉危机信息，及时发现危机前兆，超前决策，争取主动，尽可能将危机消除在潜伏期。危机信息的表现形式颇多，佘廉教授按照企业运行机制的不同，将其归纳为商誉危机信息、产品危机信息、财务危机信息、财产危机信息和人才危机信息。

（1）商誉危机信息。它包括企业在产品质量、包装、性能和售后服务等方面处理不当或有恶劣行为，损害了消费者利益而使企业整体形象严重受损和信誉降低等。

（2）产品危机信息。它包括企业在产品的包装设计、品种和质量等方面不能满足市场需求，导致产品失去竞争力，从而造成产品的大量积压，市场销售率、占有率下降等。

（3）财务危机信息。企业在筹资、融资和投资的财务决策中，由于资不抵债，财务状况混乱，集中体现在现金流量的恶性变化上。

（4）财产危机信息。企业在生产经营过程中，不可控力引起的突发事件给企业带来巨额的财产损失。

（5）人才危机信息。它包括人才断层和人才流失危机。

对于以上几种危机信息的问题，我们只有更加明确预警系统的目标才能更加从容地面对市场危机和复杂多变的市场环境。

## 6.3.2 系统功能设计

在监测危机的基础上，通过对分类加工处理后的信息进行分析，运用现代企业管理技术、企业诊断技术，甚至可以借助于数学模型来判断企业运营状况的优劣，对危害企业运营状况的关键因素予以警告，达到预知危机的目的。通过对危机的预告，以提醒有关人员及时做出反应，早在危机潜伏期内就将危机扼杀在摇篮中，避免潜在的危机变为不可挽救的现实。

企业危机预警系统作为企业危机管理系统中的子系统，是企业危机管理系统中的重要系统，为了更好地应对企业危机，从而获取预警信息，评估信息，评价危机严重程度，进而决定是否发出危机警报，进行危机预处理，首先需要进行系统功能设计，我们将系统功能设计分为以下六个方面。

1. 环境监测功能

根据企业自身的实际需要，合理设定警源，监测企业可能面临、即将面临、已经面临的内外部各种不利条件和环境要素异常的变动状况。

2. 警况识别与评价功能

根据警源监测输出信息，识别警讯，判定危机可能发生的企业运营领域，危机发生的可能性、严重程度和危害性。根据事件的严重程度可以将企业危机分为重度危机状态、中度危机状态、轻度危机状态、正常状态和良好状态五种。

3. 监测与评价危机应对管理体系

监测与评价分布于各专业部门的危机应对管理体系功能是否齐全，危机管理制度、机制，以及相关人力、财力、物力等系统运作的各项资源保障是否及时有效。

4. 对危机事件的预防和预先控制功能

监测、识别和评价之后进行相应的诊断，判定是否需要采取预控对策，以及采取怎样的预控对策，制订预控方案，提早进行预防和预先控制，并建立预控档案。

5. 对突发危机的紧急救援功能

危机一旦爆发，立即启动紧急救援功能，调动一切可利用的企业内外部资源开展积极的危机救援行动，迅速隔离和消除危机，恢复企业正面影响。

6. 对危机预警工作的经验总结和群组学习功能

对每次预警，及时评估，系统总结，吸取教训，积累经验，对预警知识库不断补充新的预警案例，提高组织的预警和危机的预防、预控能力，并根据实际需要对预警系统和相关政策作相应的调整和优化。

## 6.3.3 系统结构模型

企业危机预警系统作为企业危机管理系统中的子系统，通过对企业危机预警范围（警域）、预警对象（警源）的预警指标关键因素进行搜寻、监测，根据危机信息评估标准识别、评估，分析危机的表象，剖析危机的根源，预测危机的发展趋势，评估危机警度，播报危机警示，制订危机诊断方案，实施危机预警预控。企业危机预警系统分为危机预警监测、危机分析评估、危机预警报警和危机预警预控四个部分，具体包括危机搜寻子系统、危机信息识别子系统、危机分析预测子系统、危机评估诊断子系统、危机预警报警子系统和危机预警预控子系统六个子系统，其构成如图 6-3 所示。

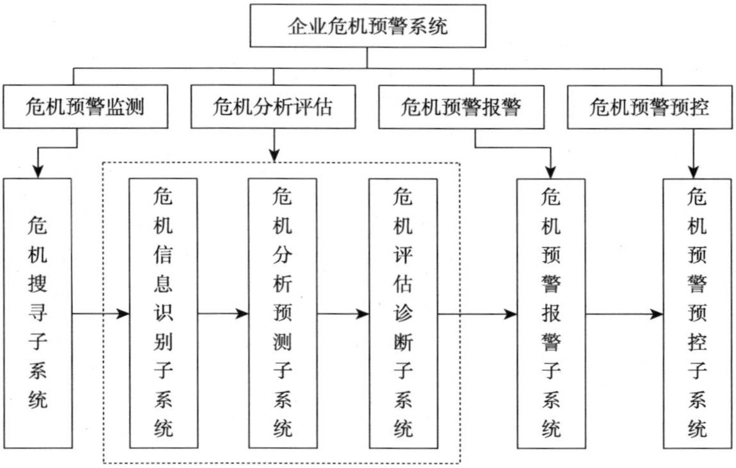


图 6-3　企业危机预警系统结构模型

1. 危机搜寻子系统

危机搜寻子系统主要是根据危机指标围绕危机警源系统快速获取可能隐藏或预示危机的各种讯号、信息。几乎所有的危机发生前都有不同程度的征兆，企业要细心观察、及时捕捉这些危机发生前的征兆信息。既要重点监测企业危机警源，也不能忽视危机日新月异的新领域、新警源。从企业外部的经济、政策、文化、社会生活、环境、资源等宏观环境信息到中观的消费环境、竞争环境、合作环境、特殊公众群体、社会广泛公众群体，以及企业内部的诸多类别和层面的经营运作与管理中，快速、及时、客观、科学、系统全面地收集企业危机警源异动信息，及时发现危机征兆，提早发出危机警示。在系统运作早期以危机信息的广义搜寻为主，以固定的警源监测为辅，经过一定的预警经验积累，逐步将企业危机的警源体系补充完整，形成完整的警源体系后，危机信息的搜寻以警源体系监测为主，以危机信息的广义搜寻为辅[131]。通过以上分析，企业才能准确及时地预测企业可能发生的危机，进而采取有效的措施规避和控制危机，促使企业健康、持续地发展。

2. 危机信息识别子系统

从获得的众多监测信息和搜寻信息中识别出真正隐含危机的表达信息，剔除表达非危的正常信息，去伪存真是危机信息识别子系统的主要职能。任何虚假、失真的危机信息，其与事实背离，都会导致危机评估与判定出现错误，使危机预测失效。误警、假警不仅占用企业大量的危机预控准备资源，消耗大量的企业预警资源，还会大大降低企业危机预警系统的运作效率。信息的分析，真实性是至关重要的。任何虚假、失真的信息都会导致因预测不准，又过分偏重而出现失稳的状态。排除虚假信息，确保信息的真实性、可靠性是信息分析的重要方面。

3. 危机分析预测子系统

根据危机信息识别子系统输出的危机信息，从企业危机警情指标的变化来判定是否存在警情，分析警情的表象、内在根源，预测警情的未来发展趋势。具体包括：分析企业所面临的可能或已经引发危机的经济、文化、社会、科学、自然等外部环境因素和内部资源条件的异变，研究危机滋生和推动危机发展的主要因素，预测可能引发的危机的类型、危害和发展趋势，以找出企业经营过程中存在的薄弱环节、问题及外界环境中的关键不确定性因素，及早防范、预先控制，实现危机的根治与规避。

4. 危机评估诊断子系统

危机评估诊断子系统主要是根据警兆的变化状况，对危机给企业可能造成的危害和破坏进行系统和动态评估，遵照危机警度的数理计算原理计算危机警度，参照警度评价标准，结合实际或未来情况作适当修正，评估警情的警戒区间，确定警情的等级，并提出针对性的危机诊断策略预案。企业危机警度可划分为轻警、中警、重警和巨警四类[132]。

科学、客观、系统的危机评估是危机得到正确诊断和有效管理的前提条件，危机评估为危机诊断、预控和管理提供科学的依据。根据危机的分析与预测，评估在企业危机可能发生和发展演变过程中将会对企业造成的破坏和冲击，包括有形和无形的破坏，从危机滋生和推动危机发展的主要因素出发，制定针对性的危机诊断策略预案。

5. 危机预警报警子系统

危机预警报警子系统主要是判断危机指标是否突破了危机警戒线，根据预警判断结果，参照预警制度，决定是否发出警报、警报级次、报警方式。

6. 危机预警预控子系统

危机预警预控子系统包括危机预案策略库、预控方案选择机制与程序、危机预控的组织实施三个方面。危机预案策略库汇集各类危机的各种预先控制与处理策略方案；预控方案选择机制与程序保证预控方案的最佳选择和优化实现；危机预控的组织实施主要是危机预控预案的组织实施、实施资源的动态保障、实施中的指导与控制。通过预警，对危机提前介入，提前行动，将危机消灭在萌芽状态，即便危机真正到来，企业也能够利用提早着手准备而处于危机管理的主动地位的优势，减少危机所带来的破坏和各种负面冲击。

# 6.4　网络环境下企业危机预警系统的运行模式

## 6.4.1　系统运行模式

网络环境下企业在制定危机预警系统运行模式时，首先要整合性吸收以下几种典型的危机预警系统运行理念，即“全程、全面、全员、互动、观念意识”全面系统预警，发动全员提高危机意识和预警觉悟，从工作的全程、全方位提早发现危机，在管理与执行和预警上实现良性互动，促进企业运营管理和营销能力的提升。

1. 全程预警理念

全程预警理念是指对企业经营运作与管理的全过程进行全程预警。危机预警涵盖了企业作业操作的各个细节步骤。

2. 全面预警理念

全面预警理念是指对企业各个运作层面的各种要素进行监测检核，尤其是决定企业决策或操作执行成败的各层次的关键要素。

3. 全员预警理念

全员预警理念是指预警工作不仅依靠企业危机管理组织和各部门的危机管理岗位的危机管理人员，而且要求企业的全体成员参与，甚至将危机预警的参与成员的范畴向外扩展到企业的外部合作个人、团队和组织，建立企业危机预警统一战线，汇集公众的集体智慧，发挥公众的集体力量，共同抗击危机。

4. 互动预警理念

互动预警理念是将预警与企业的经营运作和管理各环节紧密结合，互相渗透，协同督促，在企业运营和管理中随时发现危机，随时预警，在预警中随时调整和矫正运营与管理中的问题与缺陷，提升组织的战略规划、职能管理、操作执行能力。

5. 观念意识预警理念

观念意识预警理念是指要求所有员工增强其对各类危机的防范意识，在思想意识上时时提醒、处处警惕危机的滋生与蔓延，不仅对自己职责内的工作，还涉及企业的其他岗位，随时随地将危机消灭。

系统运行模式如下：企业危机预警系统是对企业危机的不良趋势进行监测和识别，并加以诊断，在此基础上进行预控，避免其步入危机状态。一般而言，企业危机预警机制运行的基本程序为“信号采集→警源监测→警讯识别→危机状态分析→警度评估→预警提示→预控管理”。由于预警实际需要的不同，危机预警系统所选取的方法和模型不同，运行模式也不同。网络环境下企业危机预警系统的运行模式，如图 6-4 所示。

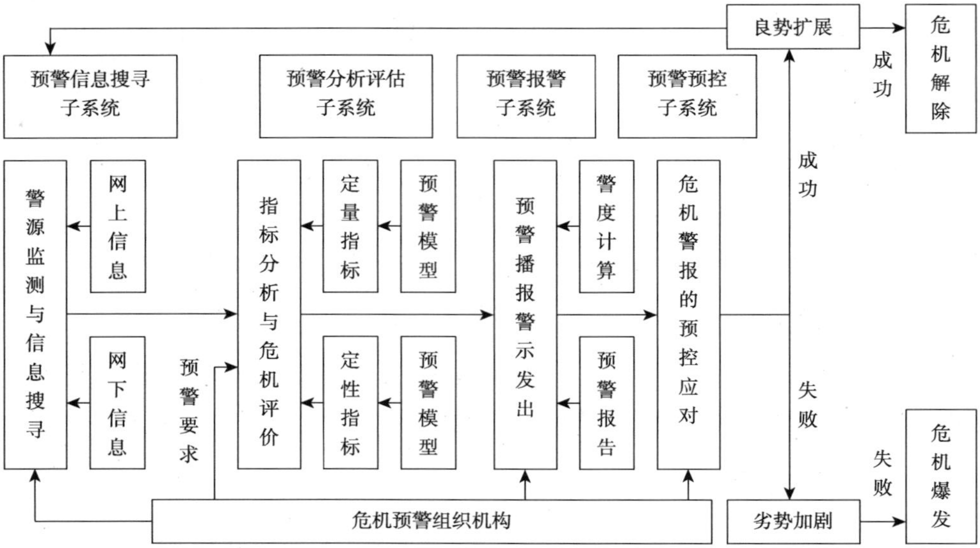


图 6-4　网络环境下企业危机预警系统的运行模式

## 6.4.2　系统运行过程

企业危机预警系统的主要工作过程包括：警源监测→警讯识别→警情分析与预测→警务诊断与评估→警报→预警预控。网络环境下企业危机预警系统工作流程，如图 6-5 所示。

预警任务由常规职能预警任务和突发下达预警任务两部分构成，常规职能预警任务通过制度安排，已经将日常预警任务部署到相关的预警职能部门和职能部门的预警岗位，预警工作是这些职能岗位的工作职责的重要组成部分，预警任务早已经下达在岗位职责之中[133]；突发下达预警任务往往是根据长期的预警工作经验积累、科学的危机预测、外部危机事件的警示、环境条件的骤然异变等，而使预警系统产生警患感知，突发下达的危机预警任务，由企业的危机管理机构直接临时下达。

预警任务一旦下达，企业危机预警系统便开始运转，相关危机管理机构便开展预警工作[134]。各职能部门危机预警岗位开展警源监测，定期向预警中心提交本部门运营与管理的不良状态诊断指标报表，并上报已经采取的预控措施。预警中心通过警源监测、识别、分析与预测、诊断与评估、企业运营状况的波动和内外部环境异常变动现象，确认监测指标处于正常、警戒或危机状态，以进一步提出并实施预控对策。当诊断指标处于正常状态时，则继续监测，不介入预控管理；

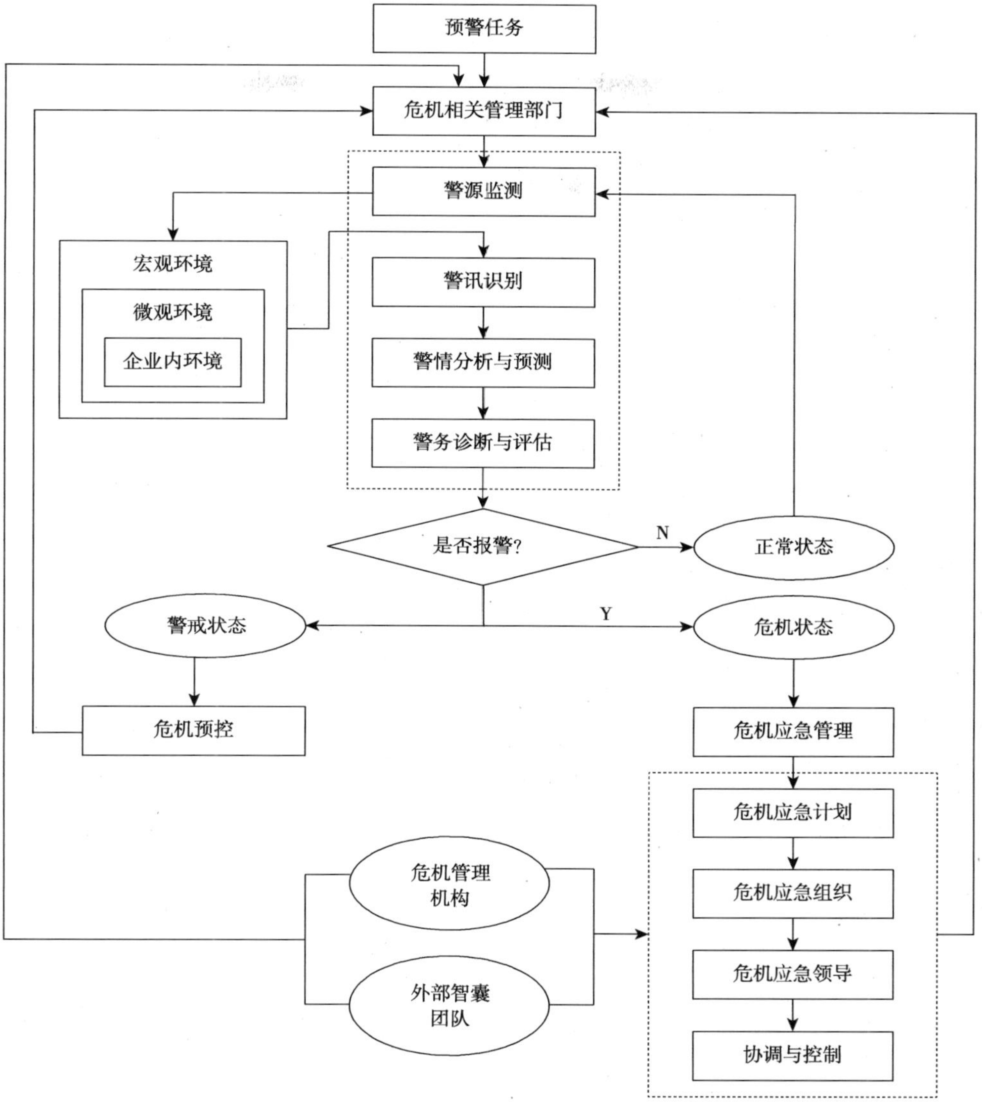


图 6-5 企业危机预警系统工作流程

当诊断指标处于基本正常或低度危机状态即警戒状态时，预警中心根据具体警度提出预控对策方案，并将此方案提交危机管理机构决策层，由危机管理机构决策层下达预控执行任务，直至危机消除，运营环节恢复正常，同时将对策方案输入对策库以供将来参考[135]。

### 6.4.3 系统运行要点

建立危机预警系统，首先是企业迫切需要形成市场危机意识，其次是企业面对市场竞争的确实需要。建立危机预警系统将对我国企业的竞争能力和可持续发展能力具有重要的现实意义和深远影响。

那么如何能够有效地将危机预警系统运行起来，主要有以下几个要点。

1. 危机预警系统的警源监测与搜集

首先，危机预警系统的运行主要是针对危机信息来展开，从而确定预警系统的目标，制订企业危机预警计划。根据所需要的危机信息制订一个搜集计划，确定搜集方法。根据信息活动的要素和解决的关键问题，制定搜集渠道的策略，危机预警系统要求做到危机信息搜索的准确性、全面性和及时性。单一的、传统的信息搜集渠道难以满足以上要求，而必须建立在多种搜索途径的基础上。危机预警系统的信息搜集是指负责信息搜索、筛选、加工、传递和反馈的整个过程，而不仅指搜集危机信息本身这个单一过程。

2. 危机预警系统的警源识别与整理

危机信息搜集完成后，要对搜集到的原始情报进行初步处理，对所收集到的危机信息进行加工、过滤、分类和评价等，通过以上过程，危机信息得以筛选和有序化[79]。危机信息的有序化就是在信息集合中，各信息单元在相互关系上有一定的方向性，目的是根据需求和目的，将无序的信息按一定的原理和方法进行排列，使之有序化。

3. 危机预警系统的分析与预测

这是整个危机预警系统的核心流程，包括对信息的解释与分析、组织与综合，分析企业当前竞争中最要害的问题。信息分析是将大量零散的、看似没有联系或无意义的原始信息进行加工和重组，从而发现其真正的潜在的看不到的价值。危机预测，即从企业危机信息评价指标的变化情况来判定是否存在危机，分析危机的表象和内在根源，预测危机的未来发展趋势。

4. 危机预警系统的危机程度的诊断

这主要是根据危机信息评价指标的变化状况，对危机给企业可能造成的危害和破坏进行系统的动态评估，按照一定的算法对危机程度进行计算，参照危机程度评价标准，结合实际或未来情况做适当修正，运用竞争情报方法判断各种信息指标和因素是否突破了危机警戒线，根据判断结果决定是否发出预警、发出何种程度的预警及以什么方式发出预警。

5. 危机预警系统危机应急管理和用户反馈

这是危机预警系统中的目标环节,用户反馈影响着整个危机预警系统的流程。根据企业决策者的需要，选择危机预控策略，制定预控预案并组织实施危机应急管理。当组织进入危机应急管理状态时，成立危机管理领导小组，全权负责危机治理的决策、组织、领导、协调和控制，制定危机应对方案，并指挥和组织人员具体实施。此时的危机管理领导小组直接领导危机状态下的危机预警系统，直至危机解除。危机预警系统设计人员要经常与系统用户沟通，让用户了解工作进展，以确保危机预警系统所提供的危机信息能满足用户的需求，使危机预警的工作更具针对性。

# 7　网络环境下的企业危机预警监测

身处于大数据互联网时代，人们在拥有大量数据信息资源的同时，也遭遇了淹没于信息海洋的危机，网络“信息过载”问题日益严重。面对信息资源持续迅猛增加及用户需求逐步提高的现状，传统搜索引擎暴露出了以下两方面的问题：一方面，传统搜索引擎信息覆盖率较低，很难囊括互联网上的所有信息，并且不同搜索引擎的检索结果重合率也较低，单一搜索引擎无法满足用户需求。另一方面，传统搜索引擎的智能化服务水平不高，对于背景、目的与兴趣各异的用户个性化查询请求，虽然在一定程度上能够提供智能化检索服务，但也无法完全满足不同用户所需要的个性化功能。

为了解决以上提出的两个方面的问题，需要寻找一种新型的信息检索模式来满足当前的信息检索需求。元搜索引擎（meta search engine，MSE）是通过向用户提供统一访问界面、集成多个搜索引擎，并提供个性化的推荐功能来实现检索操作的。同时，Agent 是一种具有感知、主动、自治、协作等特性的计算实体，能够自主、灵活地对环境的变化采取行动以完成设计的需求目标，从而常被作为智能化元搜索引擎的首要选择技术。

## 7.1　元搜索引擎

元搜索引擎最早诞生于 20 世纪 90 年代，是将多个独立的成员搜索引擎集合在一起形成的信息检索工具，也被称为一种基于搜索引擎的搜索引擎，它的出现主要是针对传统搜索引擎在不断发展的过程当中所暴露的一系列问题进行调整补充。元搜索引擎本身并不索引网站或网页信息，也没有文件索引库，但它有独特的检索请求提交技术、检索接口代理技术和检索结果整合技术，它主要是对其他多个独立搜索引擎进行调用，并从中挑选出合适的搜索引擎来进行检索操作，最后聚合多个搜索引擎的结果以统一的格式呈现给用户。元搜索引擎整合了已有的多个独立搜索引擎，可以同时调用多个搜索引擎提供检索结果，在扩大检索范围的同时还能够极大地提高信息的全面覆盖程度，在 20 世纪末随着信息检索技术的发展而被关注，国内外有多家研究机构与公司对此展开研究，且均取得了一定的成果。

Metacrawler 作为最早的元搜索引擎，由华盛顿大学的 Erik Selberg 等专家学者开发，相关检索结果来自 MSN、Yahoo、Google 和 ASK Jeeves 四个源搜索引擎。Metacrawler 在自适应性、可扩展性及可移植方面具有较好的特性，源于采用构建方式的体系结构。但其在中文方面理解能力较弱，对用户搜索意图的解读不够准确[136]。

Dogpile 是 1996 年由美国学者 Aaron Flin 开发完成，支持布尔检索和模糊检索两种检索方式，是目前最好的元搜索引擎之一。它的查询检索方式较为独特：采用了并行和串行相结合的查询方式。首先，并行调用若干个成员搜索引擎进行检索；其次，判断本次检索是否返回足够数量的查询结果，若查询结果数量不足，那么它再次并行调用若干个其他成员搜索引擎进行检索，其过程反复进行。Dogpile 提供的服务较多，如网页、图像、视频及本地黄页、白页搜索服务等，对广告结果进行区分展示，系统界面友好且响应速度较快，虽然对中文的搜索能力较弱，但对用户的检索体验影响并不大。

Clusty 能够对新闻、网页或者博客进行元检索，它的新闻检索结果来自 CNN、Reuters 及 Yahoo News，网页搜索结果主要来自 ASK Jeeves、Yahoo、Bing 和 Open Directory 等，博客内容来自 Plos、Technorati 及 Livejournal。Clusty 支持用户自主选择成员搜索引擎，并且对搜索结果提供聚类展示。但是该元搜索引擎缺少显示相关查询的提示，也不能根据用户的兴趣需求为用户定制个性化的查询服务。

中文元搜索引擎并不多见，但元搜索引擎技术发展以来，也陆续出现过几个，如元搜、Jo Pee、搜乐、觅搜、搜魅等。虽然开发者一直在努力创新研发，但检索效果始终不理想，无法达到国外元搜索引擎的高精度，因此这些元搜索引擎都没有在中文检索市场上占据过主流地位。

元搜索引擎的结果主要包括百度、有道、雅虎搜搜、Bing 等主流搜索引擎的结果，能够支持单独调用某个源搜索引擎，提供搜索结果的相关程度指数。但元搜索引擎向用户提供的相关搜索内容过多，缺少一定针对性，对于图片、视频、咨询等类别的信息还不能提供相关搜索服务，因此用户只能够单独使用各个源搜索引擎来分别完成自己的检索目标。

Jo Pee 作为另一款中文元搜索引擎，可以对图片、游戏、音乐等多方面内容进行元搜索，其检索结果来自谷歌、百度、Yahoo、Ask 等数十个搜索引擎，信息的覆盖范围较广。但 Jo Pee 并没有对最终结果进行合成排序，而只对不同成员搜索引擎的结果进行了收集比较。

我们可以看到，国内外的元搜索引擎技术都有了一定的发展，但研究重点和发展方向却存在着一定程度上的不同，有较大的发展差距。国外的元搜索引擎已经形成自己独有的运行体系，但对于用户的个性化检索需求却无法完全满足，智能化服务还存在一定的提升空间。国内长期致力于研发独特用户体验的元搜索引擎数量较少，仅有的几家发展方向也是提高检索信息的覆盖率，对于得到的检索结果缺乏进一步的合成处理，因此中文元搜索引擎还存在着非常大的研究与发展空间。

## 7.2　Agent 理论与技术

### 7.2.1　Agent 的基本理论

Agent 是人工智能与分布式计算相结合诞生的产物，是在一定环境中运行，并能够根据环境的变化，灵活、自主地采取行动以实现其设计目标的计算实体[137]，广泛出现在人机交互与虚拟现实等研究领域，最早是 20 世纪 60 年代人工智能领域中的一个基本术语。Agent 最早是由麻省理工学院著名计算机学家和人工智能学科创始人之一 Minsky 在 1986 年出版的 *Society of Mind* 一书中提出，他认为个体存在于社会中，当若干个体出现矛盾时可以通过协商解决，并且指出这些可以通过协商解决问题的个体就是 Agent，因此其具有社会性和智能性。

Agent 的角色可以是智能的软件、设备、计算机系统，也可以是机器人或真实世界的人等，也就是说 Agent 是一种具有智能的实体。当前学术界对于 Agent 尚未形成一个统一的定义，但普遍认为是具有下列相关属性的计算机软件或硬件系统：①自主性，这是 Agent 的核心特性，指在没有他人或者其他干预下，Agent 能够根据内部状态和外部环境信息，自发地控制具有目标和意图的自身行为和内部状态。②反应性，能够感知其所处环境的变化，包括物理世界、信息环境或者与其交互的相关信息，并通过行为对环境变化做出实时适当响应。③适应性，在面对环境和目标变化时，能够制订新的行动计划的能力。④社会性，一般情况下，单一 Agent 不能在环境当中独立存在，而要在同一环境中与其他 Agent 相互合作，协同完成任务，以实现既定目标。

目前软件工程领域对 Agent 的研究主要为单 Agent 结构和多 Agent 系统层次两方面，单 Agent 结构是构造实现 Agent 特性的基础，主要研究其组成模块，以及这些模块之间如何相互作用在内部形成一个关联有机整体，从而使 Agent 能够实现其特性，针对内部及外界环境的变化确定其应采取的动作，自主做出反应。其中 Agent 结构模型主要有三种：慎思型 Agent（deliberative Agent）、反应型 Agent（reactive Agent）及混合型 Agent（hybrid Agent）。

慎思型 Agent，它的特点是具有自己特定的符号表示系统，能够利用这些符号对现实世界进行直观的表示，使用算法进行推理决策。之所以被称为慎思型，是因为 Agent 会通过模板匹配和符号操作进行逻辑推理，从而做出决策，类似于人类依据个体具备的知识，在感知了外界的变化后，通过深刻的思考与考虑做出反应一样，具有一定的逻辑推理和判断能力。这种 Agent 在人工智能领域占据主体地位，其结构模型如图 7-1 所示。

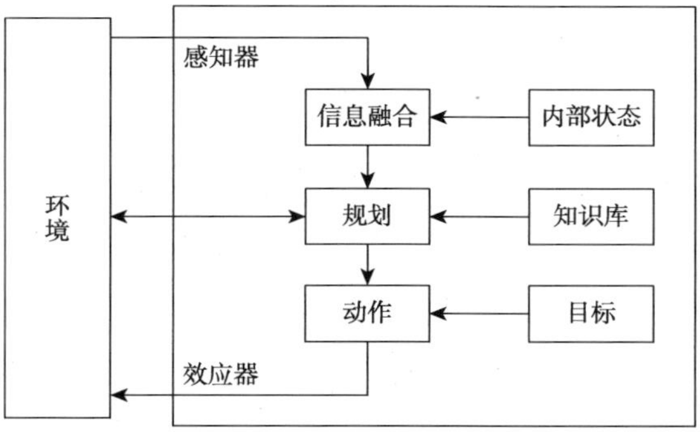


图 7-1　慎思型 Agent 结构模型

反应型 Agent 的理论基础是麻省理工学院学者 Brooks 提出的包容结构，他认为智能通过行为产生，是 Agent 与环境交互的结果，没必要进行复杂的逻辑推理，是对外界刺激的自然反应。反应型 Agent 可以对内部、外部的刺激做出简单反应，其结构体系主要有控制系统、感知器和一系列相应的执行过程。该种 Agent 不需要知识、表示及推理，没有外部环境模型，不需要进行复杂的逻辑推理过程，能够对外界环境做出直接的判断并采取行动，这种 Agent 在分布式、动态、外放的环境中占主导地位，结构模型如图 7-2 所示[138]。

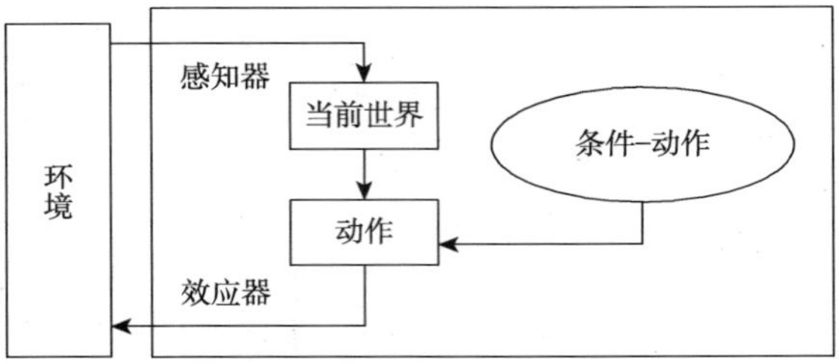


图 7-2 反应型 Agent 结构模型

慎思型 Agent 的优点是可以通过算法与推理，对复杂问题进行处理，但缺乏较强的实时反应能力。反应型 Agent 恰好相反，它的优点是实时反应能力较高，但结构相对简单，无法实现对复杂问题的求解。因此结合以上两种 Agent 优势的混合型 Agent 应运而生，它结合两种 Agent 的优点，包含它们各自的推理模块和快速反应模块，具有较强的推理能力和响应能力。混合型 Agent 主要由反应模块、推理模块和知识库等组成，具体结构组成如图 7-3 所示，通过感知环境信息，对于需要及时做出响应的情况，通过反应部分做出动作，对于复杂问题，则通过推理模块进行推理决策，最终执行相应动作，该种 Agent 由于具备了慎思型 Agent 与反应型 Agent 的优点，应用范围相对更为广泛[139]。

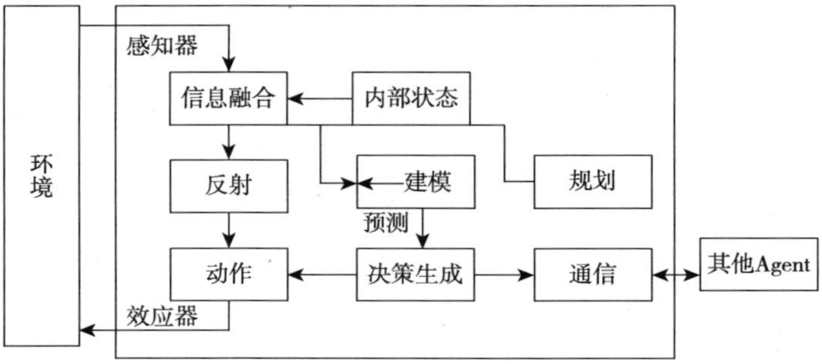


图 7-3 混合型 Agent 结构模型

## 7.2.2 基于 Agent 的元搜索引擎技术的应用

由于 Agent 在智能软件应用与建模方面拥有其固有优势，自其诞生以来就吸引了国内外众多企业和科研院所的关注。位于美国得克萨斯州奥斯汀的微电子与计算机技术公司（Microelectronics & Computer Technology Corporation，MCC）较早地使用 Agent 进行分布式数据源信息的收集和分析处理，该公司的 Bayardo 等提议构建多 Agent 系统，以从不同的数据库源检索信息并执行语义分析[140]。Donna 等分析了多 Agent 系统构建分布式数据源信息收集系统的已有成就和面临的挑战，并且指出在新的网络环境下，多 Agent 系统应当拥有更多智能化的服务和功能[141]。真正意义上将 Agent 技术与元搜索引擎相结合的是美国堪萨斯大学的学者，他们引入 Agent 技术的目的是改进以前开发的元搜索引擎 Profusion，希望能够提高系统的自适应性，使其能随时加载新的成员搜索引擎或停止调用已有的成员搜索引擎，并可解决所调用成员搜索引擎的响应时间及检索结果格式经常变化的问题[142]。虽然该系统没有充分考虑到内外环境因素的影响，缺乏针对用户个体搜索的个性化功能，但它仍然利用到了 Agent 智能化、适应性强等特点，以面对日益变化的网络环境对元搜索引擎所带来的压力和挑战，为后来成功利用 Agent 技术构建元搜索引擎开辟了道路。HO 提出的基于 Agent 搜索引擎 Octopus，在成员搜索接口之上增加信息过滤 Agent，以提供个人信息过滤功能，并通过其反馈机制与过滤机制的结合完成用户个性化搜索功能[143]。

在国内，张卫丰等[144]首先提出结合 Agent 技术，研制了个性化搜索引擎代理系统（personalized search agent，PSA），并采用个性化抽取兴趣生成树的技术生成用户兴趣模型，PSA 能够在客户端为每个用户维护其个人兴趣剖象，根据用户兴趣对搜索结果进行打分排序，使得用户可以从搜索引擎得到真正感兴趣的信息。杨刚华认为在实现个性化的信息服务中，智能 Agent 技术起到了至关重要的作用。因此针对目前信息检索系统存在的不足和当前用户的个性化需求，他对基于 Agent 的个性化信息检索系统的基本结构、方法及相关技术进行了研究，并在此基础上提出了一种 Multi-Agent 与元搜索引擎相结合的个性化信息检索模型[145]。李红梅利用聚类搜索引擎和个性化检索的关键元素，设计了一个基于 Multi-Agent 的智能元搜索引擎系统结构模型，将移动 Agent 和常驻 Agent 两种搜索机制相结合，运用个性化检索和聚类浏览相结合的检索方式既能满足用户的个性化要求，提高用户查询的查准率，又能实现对搜索结果的结构化组织，便于用户快速定位有效信息[146]。宋喆和初广丽基于 Multi-Agent 模型结构，设计提出了一个数字图书馆个性化信息检索结构图，并通过对结构体系中各个功能组件的功能策略的分析，说明了智能 Agent 之间的整体关系[147]。张丹[148]将 Agent 和最优搜索理论相结合，提出了一种基于 Agent 和最优搜索的理论框架和实现方法，并将其应用到无重叠多摄像机的目标跟踪，在这个框架当中利用智能 Agent 代理摄像机，使其具有 Agent 的特性。同时利用 JADE 平台搭建新的智能多 Agent 系统，初步实现基于 Agent 和最优搜索理论的多摄像机协同跟踪系统。郭文俊和乔世东提出了一种基于多 Agent 的搜索引擎技术，它协助用户在特定领域进行搜索，能够在较短时间内检索到和用户需求紧密相关的结果，有效地提高搜索质量与搜索的精度[149]。侯甜甜和陈培友通过对不同企业的相关网络信息进行筛选，结合中文分词系统与情感词典的运用提出基于智能元搜索代理技术的企业网络舆情危机预警方法，筛选出具有情感倾向的信息内容进行计算后在六家企业当中加以验证[150]。

尽管国内外的研究学者从不同的角度和层次，针对基于 Agent 的元搜索引擎体系结构展开了大量的研究，但在充分利用 Agent 智能性特征建立支持个性化检索、智能推荐和数据深度分析等功能的元搜索引擎框架模型方面的研究仍不够深入，且大多缺少实际系统的验证与测试。

## 7.3　智能元搜索的特点与工作原理

目前大部分搜索引擎的工作原理如图 7-4 所示。通过搜索蜘蛛（search-spider）程序在全球范围内的 Web 服务器上周期性搜集网页讯息；将搜集到的网页进行分析、整理，提取关键词，建立索引标注，放入搜索引擎的索引数据库中；用户通过搜索引擎的用户界面输入关键词进行查询[151]。但是，这些搜索引擎普遍存在着网络搜索覆盖面有限且覆盖不均衡、查全率不高、查准率不稳定、动态性能差等不足，而且提交的搜索结果中包含大量与用户查询请求无关的信息，缺乏个性化和智能化，不能很好地完成海量网络传播信息的危机预警搜索任务，无法满足不同预警用户的个性化搜索需求。

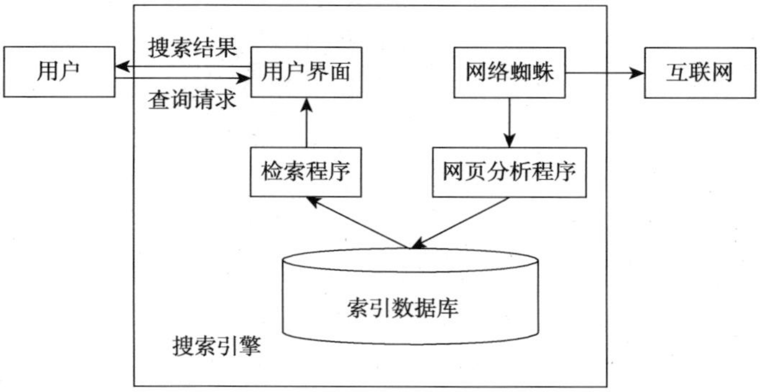


图 7-4　搜索引擎工作原理

元搜索引擎将整个互联网视为一个超大型的动态数据库，采用一系列优化运行机制，将已有的多种搜索引擎划分在一起，从而形成一个统一的查询界面提交给用户。这种引擎能在尽可能短的时间内提供相对全面而准确的信息，有效解决了单个搜索引擎从数据库提取信息的局限性。即用户只需递交一次查询检索请求，由元搜索引擎负责转换搜索格式，处理后发送给多个预先选定的成员搜索引擎，并将所有返回的查询结果集中整合，处理后以统一的格式呈现到用户的终端界面[152]，图 7-5 显示了元搜索引擎的工作原理。

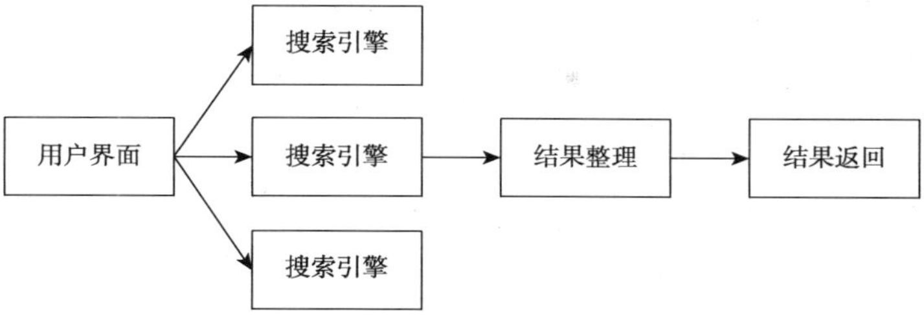


图 7-5 元搜索引擎的工作原理

由于元搜索引擎集中了集成搜索引擎组中各独立搜索引擎的优势，通过搜索引擎能力和资源的整合，发挥各独立搜索引擎之间的协同与配合，简化用户重复访问多个搜索引擎的工作量，提高了信息检索搜索的及时性、准确性和完整性。例如，Metacrawler 能够支持 12 个独立搜索引擎，能同时调用包括 Lycos、Infoseek、WebCrawler、Excite、AltaVista 等在内的搜索引擎开展并行检索，SavvySearch 可同时调用 21 个独立的搜索引擎工作[151]。

但是元搜索引擎自身也存在一些先天的不足。例如，搜索引擎的自治问题，各成员搜索引擎之间存在索引方式、文本关键字权值、查询关键词权值、相似函数、数据库、结果表示等方面相异性的问题，元搜索引擎的全局结构与成员搜索引擎间的相异性等，这些都会给元搜索的高效化实现造成障碍。元搜索引擎带来的另一个不便是过多的无关信息。用搜索引擎检索通常会得到一些无关信息，基于搜索引擎的元搜索引擎所带来的无关信息就更多。

为了弥补元搜索引擎的不足，进一步提高搜索的查全率和查准率，Agent 技术、机器学习、数据挖掘等人工智能技术被引入元搜索引擎中，使之成为智能元搜索引擎，本章后续所提到的智能元搜索引擎均指此类。智能元搜索引擎能够考虑到各独立搜索引擎各自的特点和差异，对各独立的搜索引擎的工作情况进行记录，利用数据挖掘技术对数据进行分析归纳，生成元搜索引擎调用策略模型。根据用户信息搜索区域、主题等实时搜索需求，动态地决定本次调用的策略，将搜索请求递交给最适合的搜索引擎去处理，提高信息搜索服务质量[153]，图 7-6 显示了智能元搜索引擎的基本结构。

用户界面 Agent 通过分析用户在服务器端的历史检索信息，挖掘用户的检索偏好，然后通过 Agent 间的相互协作获取群组查询推荐和检索结果推荐。其中包括一些工作模块：用户行为感知器能够实时对用户浏览检索搜索结果时的相关行为进行

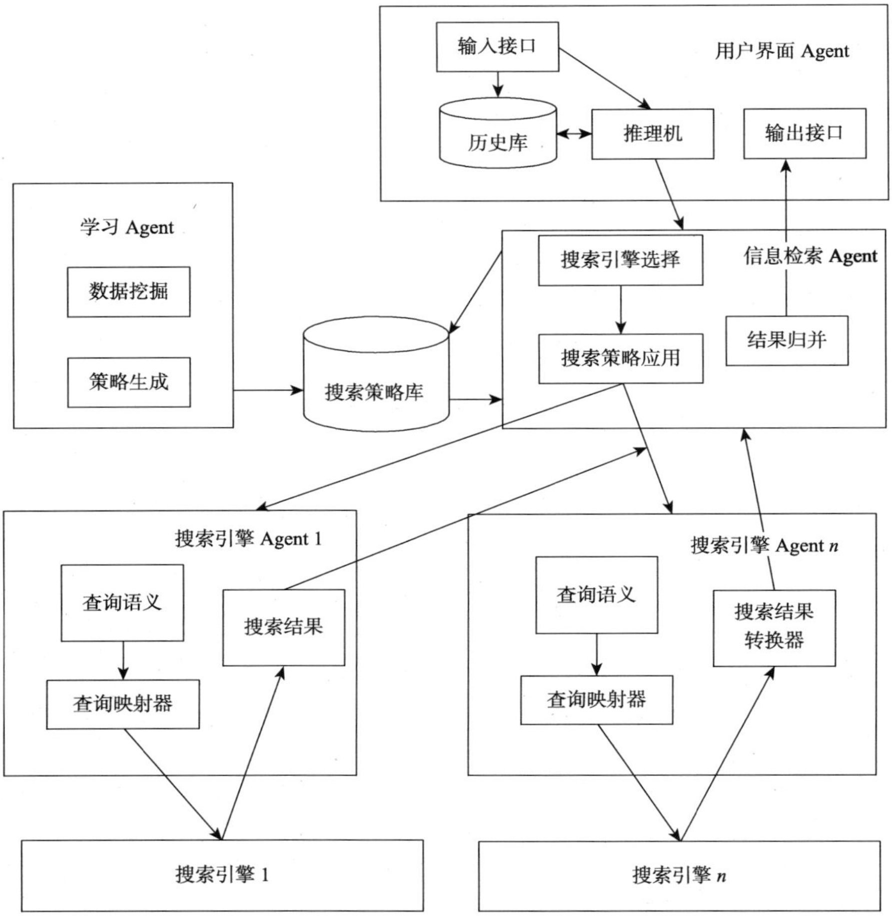


图 7-6　智能元搜索引擎的基本结构

记录并生成用户日志；用户兴趣推理机通过分析用户查询日志推理出用户的检索兴趣；用户兴趣学习机将其更新至用户兴趣库中；日志处理模块对原始用户查询日志进行结构化处理，形成群组推荐检索结果信息并存入数据库中；协作模块通过公共兴趣黑板与其他推荐管理 Agent 进行协作，获取群组检索兴趣。

信息检索 Agent 在接收到用户的查询请求后，根据调度策略调用成员搜索引擎并对检索结果及相关推荐信息进行合成处理，同时还能够及时感应成员搜索引擎的变化。其中包括几个模块：检索器根据搜索引擎知识库中各成员搜索引擎的检索接口，向成员搜索引擎提交检索请求；检索结果合成模块根据搜索引擎知识库中成员搜索引擎结果的格式，对结果进行合成处理并进行数据深度分析，同时获取来自用户界面 Agent 的推荐信息，一起返回给用户；当成员搜索引擎状态发生变化时，搜索引擎变化感知器感知该变化，若为格式变化则通知管理员通过格式编辑器重新编辑相应格式，若为搜索引擎能力变化则通过搜索引擎 Agent 学习该变化，更新搜索引擎的有关知识。

搜索引擎 Agent 根据查询请求产生调度策略，选择符合用户需要的成员搜索引擎，并协作学习搜索引擎搜索能力。其中包括几个模块：通信模块的工作任务是支持该 Agent 与系统中其他 Agent 的交互通信；调度策略推理机根据成员搜索引擎的搜索能力、用户偏好生成适合用户查询请求的调度策略；当成员搜索引擎状态发生变化时，搜索引擎 Agent 通过协作模块与其他同类 Agent 协作学习新的搜索引擎能力，并由搜索引擎能力学习机更新搜索引擎知识库。

学习 Agent 在用户允许的前提下进行客户端用户浏览信息的挖掘，分析用户兴趣偏好，同时会将挖掘到的用户兴趣信息通过用户界面 Agent 更新至用户兴趣库中。其中包括几个模块：路由策略推理模块根据网络节点实际情况推理出适于进一步移动的路径；兴趣挖掘模块通过挖掘并分析用户的历史行为信息来获取用户兴趣偏好；状态集保存学习 Agent 的执行状态；知识库临时保存用户挖掘到的兴趣信息。

智能元搜索引擎利用 Agent 的自主性、能动性和相互之间的协调性来完成网络传播中的危机信息搜索任务，与其他搜索方式相比，智能元搜索引擎更适合被企业用于危机预警监测，用来发现网络中可能对企业不利的各种信息。其原因在于智能元搜索引擎具有如下特点。

（1）搜索速度快。智能元搜索引擎一般采用多线程技术，同时调用多个搜索引擎搜索网络信息，因而加快了搜索速度。智能元搜索引擎还可以将用户经常访问的数据存放在数据库中，从而进一步加快了搜索速度。

（2）覆盖率高。尽管每个搜索引擎在覆盖率方面都有其局限性，但是多个独立搜索引擎的同时调用就能够覆盖更大的网络范围。

（3）查全率与查准率高。搜索引擎一般都是基于关键字查询的，但用户常常不能准确地描述所要查询的内容，使得搜索结果与用户的需求大相径庭。智能元搜索引擎不但能够自行选择合适的关键字/词，还具备很好的自然语言理解能力，因而能够检索到更多与企业相关的信息。通过基于历史查询的学习，智能元搜索引擎能够更好地选择与企业相关的关键词，再加上使用查询语义转换并应用恰当的搜索引擎调度策略等手段，智能元搜索引擎能够检索与企业相关的各种语义，能够有效地找到更多的与企业相关的网络信息，这一过程同时还大量地去除了与企业无关的信息。智能元搜索引擎还可以应用其知识处理能力对搜索到的信息进行过滤和整合，从而为企业提供更精准的信息。

（4）个性化。自我学习能力是智能元搜索引擎的重要特色，智能元搜索引擎能够依据用户的需求来调整搜索策略，熟悉与企业及其危机相关的各种语义，从而更好地选择关键字，依据用户的需求对结果进行整理归并等。

（5）动态化。智能元搜索引擎还可以自动排除过去已经搜索过的信息，提交给用户的是关于企业的新近出现于互联网络上的信息，避免了重复监测。自我学习能力还能使智能元搜索引擎依据互联网的动态变化做出实时的调整，更好地实现对网络信息的监测。

## 7.4　基于智能元搜索技术的企业危机预警监测模型分析与设计

从对危机信息网络传播渠道结构和其网络传播过程的分析可以看出，企业网络危机形成速度很快，并且在广泛传播之后就很难实现有效地应对。为了及时、准确地发现网络中不利于企业的各种信息，及时发出危机警报，以期实现积极有效的危机预防、预控和应急处理，就必须建立企业危机预警监测机制。企业危机预警监测机制的关键就是如何及时准确地在拥有海量信息的互联网络中发现可能的危机信息，因此，搜索引擎在这一机制中占据着重要的地位。

### 7.4.1　基于智能元搜索技术的企业危机预警监测模型

智能元搜索技术有着诸多的优势，它是企业危机信息预警监测最有力的工具。但目前关于智能元搜索技术的研究多数是基于通用信息检索的，其目的多是开发新一代的通用信息搜索引擎。企业危机信息预警监测有着自己独特的信息检索需求，专门针对这些需求而开发的智能元搜索模型能够更有效地满足企业危机预警监测的需要。企业危机信息预警监测对信息检索的需求主要有以下几个特点。

（1）只关心新出现的信息。企业危机信息通常起源于企业危机新闻，因此企业危机信息预警监测的重点在于新近在网络上出现的信息。这要求企业危机信息预警监测时必须能够自动去除以前发布的沉淀于网络中的信息。

（2）关注有限的领域。除了仅关注与本企业相关的信息外，由于各企业的经营领域有限，通常只可能在有限的几个方面产生负面新闻。这几个领域将是企业危机信息预警监测的重点。这要求企业危机信息预警监测必须能够完全掌握这几个领域的相关语义。

（3）只关心负面新闻。企业危机信息预警监测的目的是发现明显的和潜在的企业危机信息，这要求企业危机信息预警监测能够判断相关信息是负面信息还是正面信息。

针对企业危机预警监测的独特需求，结合智能元搜索技术的特点，本书提出了基于智能元搜索技术的企业危机预警监测模型，如图 7-7 所示。

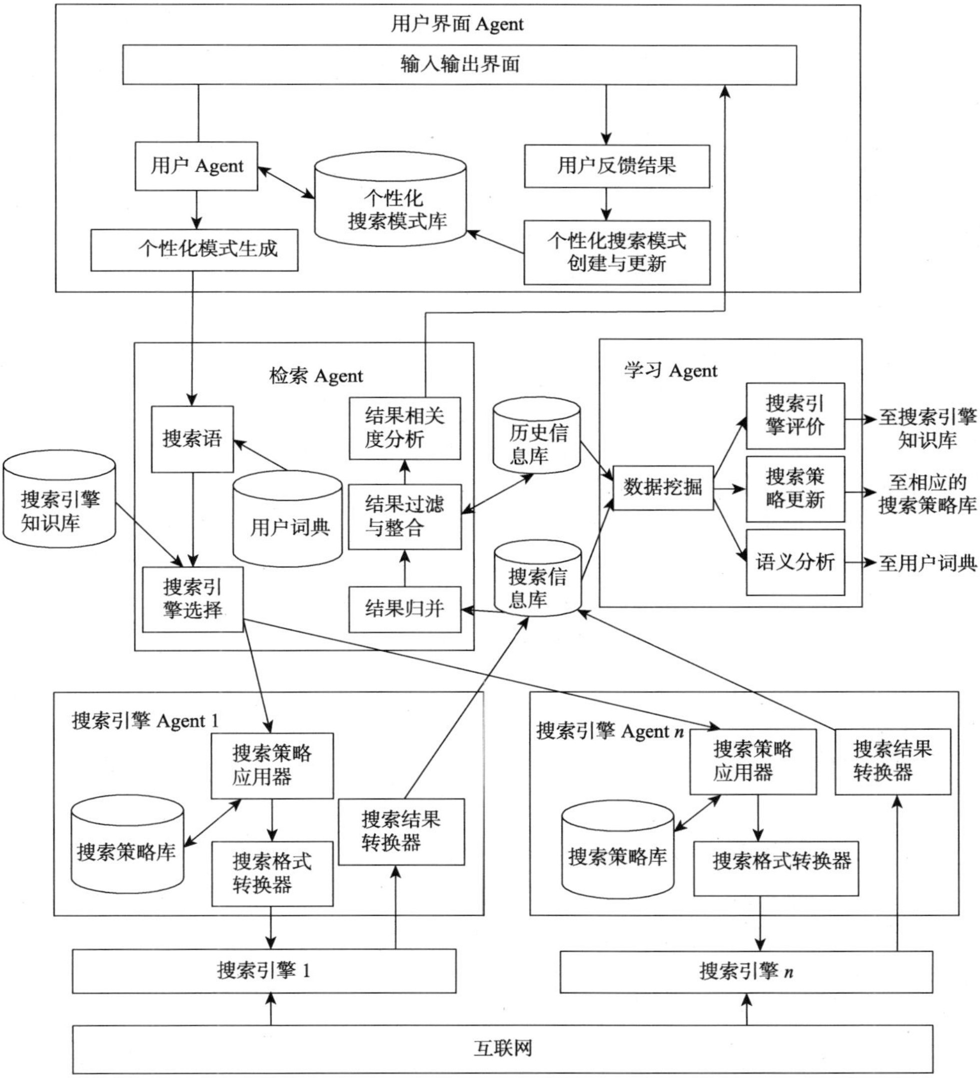


图 7-7 基于智能元搜索技术的企业危机预警监测模型

基于智能元搜索技术的企业危机预警监测模型主要由搜索引擎 Agent、学习 Agent、检索 Agent 和用户界面 Agent 组成。

用户界面 Agent 工作在危机预警职能部门的每个客户端，它负责与各预警用户的交互。用户界面 Agent 中包含以下主要算法或模块：用户模式选择算法；用户反馈结果模块；用户反馈结果聚类算法；用户个性化模式生成算法；通信机制等[154]。

用户进行危机信息预警监测时，首先在指定页面输入搜索的要求，经过 Agent 分析后，使用个性化搜索模式库，由 Agent 学习得来的类似于本次搜索要求的用户过往的搜索经验模式被调出，并返回给用户确认，经过确认后的搜索模式再送到下一层的检索 Agent。若用户个性化模式库中没有与本次搜索相关的模式，则原样返回给用户，系统将尝试新搜索，并将此次搜索的结果予以反馈，经聚类后建立新的搜索模式档案。检索 Agent 将处理后的结果返回到输入/输出界面提交给用户，用户对搜索结果的反应将被搜集，反馈结果经模式聚类后生成个性化模式并存入用户个性化模式库中，进一步充实用户个性化模式库。用户 Agent 通过对用户提出的搜索要求和用户已浏览过的搜索结果不断地分析学习和训练，使用户 Agent 能更好地适应不同预警搜索用户的动态需求变化。随着用户对用户 Agent 的不断使用，用户 Agent 能拥有一个比较准确的用户兴趣模型和一定的适用经验，对信息搜索的个性化有极大的帮助。

检索 Agent 负责确定搜索引擎和搜索结果的后处理，它包括语义扩展模块、搜索引擎选择模块、结果归并模块、结果过滤与整合模块、结果相关度分析模块。

通过分析用户界面 Agent 层送来的预警搜索要求，语义扩展利用相应的用户词典对搜索要求进行处理，以使搜索的关键字能更好地覆盖用户关心的领域。搜索引擎知识库中存储了对各个搜索引擎的评价信息，包括搜索专题的划分情况、某类专题的搜索速度、搜索绩效指数（如查准率、查全率、查新率）等信息。搜索引擎选择模块，依据扩展后的搜索要求及相应的搜索引擎知识选择合适的搜索引擎来完成本次搜索，并向相应的搜索引擎发出搜索要求。

各搜索引擎的返回结果将首先记入搜索结果库。其次，由检索 Agent 对结果进行后处理。当对同一主题进行搜索时，不同的搜索引擎返回的结果多有重复，即返回的结果可能是同样的 URL（uniform resource locator，统一资源定位器）。结果归并将去除搜索结果中相同的 URL。由于网络信息的重复性，在搜索结果中还有许多网页尽管 URL 不同，但其实质内容相同或者高度近似。结果整合模块将合并这些网页，并将内容重复次数及相应的 URL 作为一项搜索结果提交给用户。结果过滤模块将进一步从搜索结果中去掉两类信息，即关于该主题的对企业有正面效果的网页和过去已经监测过的信息。最后，结果相关度分析模块分析各搜索结果与主题的相关程度并排序，将结果以统一的格式编制搜索检索索引提交给输入/输出界面，为下一步的危机识别、分析及评价工作提供依据。

搜索引擎 Agent 依据相应的搜索引擎的特点而定制，负责完成搜索策略应用和搜索格式转换的工作。搜索引擎 Agent 依据检索 Agent 传来的检索词及搜索模式在搜索策略库中选择合适的搜索策略，并依据相应搜索引擎的格式要求产生搜索请求并提交给搜索引擎。搜索引擎返回搜索结果后，搜索引擎 Agent 还将结果转换为系统指定的格式并记录到搜索结果库中。

学习 Agent 由数据挖掘模块、搜索引擎评价模块、搜索策略生成模块及语义分析模块组成。搜索引擎评价模块通过对不同搜索引擎搜索结果的比较，包括本次结果比较及历史结果比较，进行数据挖掘来形成对搜索引擎的评价。通过对同一搜索引擎不同搜索方式的比较就可以找到更适合该搜索引擎的搜索策略。通过对搜索结果的语义分析可以找到相关的关键词，从而充实用户词典。学习 Agent 通过数据挖掘来改进信息搜索模式，实现更好的预警监测。

## 7.4.2　网络危机预警监测搜索的初始应用

强大的学习功能是智能元搜索技术的重要特色。基于智能元搜索技术的企业危机预警监测搜索引擎能够在检测搜索的过程中改变自己的搜索方式，实现对网络信息的更有力的监控。

但为了让智能元搜索引擎能够迅速地提高查全率、查准率和查新率，在基于智能元搜索技术的企业危机预警监测搜索引擎初始应用时，有必要为其设定一些初始条件。如表 7-1 和表 7-2 所示，从与企业可能建立关联的词汇、危机关联领域词汇、危机评判发出主体和危机程度描述关键词多方面着手建立网络环境下企业的初始危机信息体表架构，并在预警搜索时进行信息组合。

**表 7-1　初始危机信息体表架构**

| 与企业可能建立关联的词汇 | 危机关联领域词汇 | 危机评判发出主体 | 危机程度描述关键词 |
|---|---|---|---|
| 企业名 | 产品质量 | 顾客 | 低劣、劣质 |
| 品牌名 | 服务 | 竞争者 | 差、垃圾 |
| 产品名 | 技术 | 合作者 | 落后、恶劣、倒闭 |
| 组织成员名 | 财务 | 媒介 | 亏损、呆死账 |
| 行业名 | 人事 | 公众 | 叛逃、糟糕 |
| ⋮ | ⋮ | ⋮ | ⋮ |

表 7-2　危机预警信息组合表

| 序号 | 危机关键词 | 权重 |
| --- | --- | --- |
| 1 | 企业名+质量问题 | $f_1$ |
| 2 | 企业名+经营亏损+赔偿 | $f_2$ |
| ⋮ | ⋮ | ⋮ |
| $n$ | …… | $f_n$ |

用户词典的作用是记录相关关键词及相关性，用户进行搜索时进行语义扩展，使危机信息预警监测搜索更加全面。如果初始用户词典为空，危机信息监测搜索将不进行语义扩展，检索到的结果将会比较少，通过语义分析得到相关关键词的可能也较小。在此情况下，搜索引擎就企业所关心的某一主题进行长时间的搜索才能使查全率、查准率和查新率提高到满意的水平。如果用户在初始应用前就将与危机信息预警监测主题相关的关键词存入用户词典，就能迅速地使基于智能元搜索技术的企业危机预警监测搜索引擎的查全率、查准率和查新率提高到满意的水平。

与之类似的还有搜索知识和搜索引擎调用方式。在初始应用前的设定能迅速提高智能元搜索引擎的性能。

## 7.5　危机预警监测中智能元搜索的用户个性化实现

### 7.5.1　网络危机监测中搜索用户个性化的必要性与可行性分析

目前，几乎所有的独立搜索引擎都是基于通用目的的，可以用于对任何信息的检索。对于进行网络危机信息监测的企业用户来说，它对信息搜索有着自己独特的要求，其所关心的主题通常局限在一个非常狭窄的范围之内。因此，有必要通过对智能元搜索技术进行个性化信息搜索来实现更好的网络危机信息监测。在网络危机信息监测中应用用户个性化实现的必要性体现在以下几点。

1. 保障查全率

为了能使企业有效应对网络危机，危机信息监测搜索应该尽可能地找到所有的相关危机信息。因此，企业网络危机信息监测搜索对查全率有着较高的要求。但互联网有着海量信息，并且信息量不断地以飞快的速度增长。这使得独立搜索引擎对网络信息的覆盖率下降，覆盖率的下降必然导致查全率的下降。但研究结果也表明，不同独立搜索引擎之间的重复率也比较低。因此，通过对多个独立搜索引擎的同时使用能够使查全率达到一个满意的水平。但不同的企业有着不同的关注主题，为保障查全率而采用的独立搜索引擎组合方式必须有所不同。另外，各种自然语言通常都存在同义词、近义词现象。为保障查全率必须就相关词汇全部进行搜索。不同的企业可能有着不同的关注主题，也就必须进行不同的语义扩展。这两方面的原因都要求对智能元搜索技术进行个性化实现。

2. 保障查准率

独立搜索引擎都存在着搜索结果与搜索要求相距甚远的情况。除了搜索技术方面的原因外，互联网信息随意发布导致的信息质量不高和信息污染也是主要的原因。查准率的低下会给网络危机信息监测、识别、评价、公关等活动带来额外的负担。通过相关度分析来排除无关信息是保障查准率的重要手段。但同样由于自然语言通常都存在同义词与近义词现象，相关度分析模块必须与企业所关注的主题密切相关。这也要求对智能元搜索技术进行个性化实现。

3. 改善用户使用体验

由于面向通用目的，独立搜索引擎的每次使用过程都可以认为是与其他使用过程无关的。网络危机信息监测搜索要对同一主题进行反复的搜索。如果能够从过去的搜索经历中提炼用户的个性化搜索模式并应用，能够有效地改善用户的使用体验，可以使用户使用自然语言来进行搜索监测，使网络危机信息监测搜索更加方便快捷。这也要求对智能元搜索技术进行个性化实现。

在网络危机信息监测搜索中用户个性化实现不仅有很强的必要性，智能元搜索技术同时也为之提供了技术上的可行性。智能元搜索技术是人工智能技术和元搜索技术的结合，其中应用的数据挖掘技术可以用来对历史搜索结果进行分析，总结得出用户习惯的搜索模式和最佳的搜索调度策略。在此基础上，机器学习技术通过对智能元搜索引擎中搜索模式、搜索引擎调度策略、用户词典等进行重新设置，从而实现用户个性化。

## 7.5.2　用户个性化搜索模式的创建与更新

个性化搜索模式是对关键词搜索的扩展，它利用分类参考模型等手段更精准地描述特定用户对信息的需求，从而得到更符合用户需求的搜索结果。图 7-8 给出了网络危机信息监测搜索中，用户个性化搜索模式的创建与更新过程。

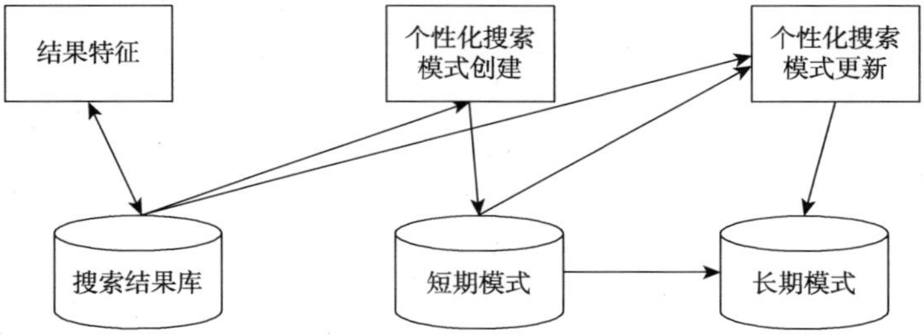


图 7-8　用户个性化搜索模式的创建与更新

在创建个性化搜索模式前首先需要对搜索结果进行特征提取并依据特征进行聚类。特征词和分类参考模型可以参照 Open Directory Project 的分类。

个性化搜索模式可以使用一个三元组 $P_i=\{K_i,U_i,\omega_i\}$ 来表示，其中 $K_i$ 为用户搜索时使用的关键词集，$U_i$ 为特征词集，$\omega_i$ 为权重。在初始时，对于那些用户反馈表示感兴趣的结果，系统将为其中的每个特征词创建一个搜索模式三元组，其中，$K_i$ 为用户搜索使用的关键词集，$U_i$ 特征词集中只有搜索结果中的一个特征词，权重 $\omega_i$ 依据式（7-1）计算：

$$\omega_i=\theta_i\cdot\mathrm{Im}(U_i) \tag{7-1}$$

其中，$\theta_i$ 取值范围为 $(0,1)$，为用户兴趣指数，反映用户对该搜索结果的感兴趣程度；Im 为重要性分析函数，依据特征词的出现频次和位置对重要性赋值，其取值范围为 $(0,1)$。生成的个性化搜索模式三元组将储存在短期模式库中。

对于一个用户反馈表示感兴趣的结果，如果已经存在有其搜索关键词集和特征词集的三元组，则系统将更新三元组中权重。记此前三元组中的权重为 $\omega_i$，针对当前搜索结果进行重要性分析得到的权重为 $\omega_2$，则更新后的三元组权重为

$$\omega_i=0.8\omega_1+0.2\omega_2 \tag{7-2}$$

三元组的更新还有另一种形式，即特征词集的合并。针对同一关键词集的部分三元组，无论是存储在短期模式库中还是长期模式库中，如果满足如下两个条件就可以进行合并：①这些三元组的特征词集之和是分类参考模型中某一条目下属全部特征词集；②这些三元组中的权重 $\omega_i$ 都大于指定的最低阈值 $\omega_{lb}$。合并后的三元组，关键词集为共同的关键词集，特征词集是各三元组特征词集的合并，而

权重$\omega$依据式（7-3）计算：

$$\omega = \sum \omega_i / m \tag{7-3}$$

如果某一三元组的权重大于指定的阈值$\omega_{hb}$，此三元组将从短期模式库中转移到长期模式库中，成为推荐用户使用的预警网络监测搜索模式。

## 7.5.3 用户个性化搜索引擎选择调度策略

独立搜索引擎的搜索性能是多方面的，通常包括响应速度、回馈结果数量、相关度等指标，并且不同的独立搜索引擎具有不同的搜索性能。如何恰当地选择独立搜索引擎来得到期望的搜索性能是元搜索引擎的关键技术，即选择哪些独立搜索引擎发送用户查询请求，可以取得期望的搜索性能。现存的元搜索引擎的成员调度算法没有充分利用用户的反馈信息和个性化分析信息，本书基于数据挖掘而得到的搜索引擎评价知识，结合了用户在搜索过程中的需要和个人兴趣，提出了在不同情况下的搜索引擎选择策略，设计了搜索引擎响应速度、返回数量、相关度、搜索综合质量等调度算法。例如，在时间要求较高时，用户主要重视系统的反应速度；在搜索目的信息不清晰时，用户希望搜索引擎能反馈更多的相关结果；在信息查准率要求较高时，用户则希望系统返回的结果相关性更强，减少无用信息等多种个性化要求。

1. 响应速度最快的搜索引擎选择调度策略

该策略是指成员搜索引擎调度机制从知识库中读取每个潜在有用搜索引擎最近 $n$ 次的响应时间$t_i$，计算出每个搜索引擎最近 $n$ 次的平均响应时间$\overline{t}$，然后按照$\overline{t} = \{\overline{t} \,|\, \overline{t}_{s1}, \overline{t}_{s2}, \cdots, \overline{t}_{sk}\}$的大小对潜在有用的搜索引擎进行排序，根据需要选出前 $m$ 个响应时间最短的成员搜索引擎（$m \leqslant k$），发送查询请求。$\overline{t}$的计算公式如下：

$$\overline{t} = \sum t_i / n\,,\quad i \in [1, n] \tag{7-4}$$

2. 返回结果量最多的选择调度策略

该策略是指成员搜索引擎调度机制从知识库中读取每个潜在有用搜索引擎最近 $n$ 次返回的链接数$L_i$，计算出每个搜索引擎最近 $n$ 次平均返回的链接数$\overline{L}$，按照$\overline{L} = \{\overline{L} \,|\, \overline{L}_{s1}, \overline{L}_{s2}, \cdots, \overline{L}_{sk}\}$的大小对潜在有用的搜索引擎进行排序，根据需要选出前 $m$ 个返回链接数多的成员搜索引擎（$m \leqslant k$），发送查询请求。$\overline{L}$的计算公式如下：

$$\overline{L} = \sum L_i / n\,,\quad i \in [1, n] \tag{7-5}$$

3. 成员搜索引擎性能评价选择调度策略

根据知识库中各个搜索引擎的异常信息和返回文档的平均相关度来决定成员搜索引擎的性能优劣排序。如果某个搜索引擎连续出现异常现象，则对它的性能值进行修改，在测试搜索引擎是否异常时，计算返回文档的平均相关度$\overline{r}$，公式为

$\overline{r}$ =该搜索引擎返回的所有相关文档数/该搜索引擎的所有返回文档数 （7-6）

4. 基于返回结果综合质量评价的选择调度策略

对一个独立的危机传播预警搜索引擎来说，最能体现其搜索效果的就是它的查准率、查全率和查新率。查准率、查全率和查新率是评价危机预警成员搜索引擎性能最基础的三项指标，查准率表示目标信息搜索获取的精确程度，查全率表示目标信息搜索获取的完整程度，查新率表示目标信息搜索获取的及时程度。

（1）查准率，采用定量方法，计算该搜索引擎返回结果与查询请求最相似文件的全局相似度，根据相似度的大小来选择和确定可用的成员搜索引擎[155]。即先给定查询$q=\{q_1,q_2,\cdots,q_k\}$，成员搜索引擎集$S=\{S_1,S_2,\cdots,S_n\}$，计算$\mathrm{msim}(q,s_i)$值，按照降序排列，然后选择潜在有用的成员搜索引擎。相似度越高，查准率越高，成员搜索引擎能提供的信息搜索服务越精确。

（2）查全率，从知识库中读取每个潜在有用搜索引擎最近$n$次返回的净搜索结果数$f_i$（剔除了死链、重复和冗余）和这$n$次各自所获得经过整理的净总文档数$\sum f_i$，计算各搜索引擎各次的查全率$e_i$和平均查全率$\overline{e}$。

$$e_i=f_i/(\sum f_i) \tag{7-7}$$

$$\overline{e}=\sum e_i/n \tag{7-8}$$

（3）查新率，描述该搜索引擎提供的信息与最新信息的同步程度，查新率越高表示提供的信息服务越及时，时效性越强，对预警的价值贡献越大。具体计算方法同查全率，但在查全率的计算上增加了按照某一时间点界限截取该时间以后的搜索文档数。

在搜索引擎知识库中，存有每个成员搜索引擎的历史动态查准率、查全率和查新率数据资料，在实际操作时，负责策略管理的调度模块依照用户输入的查询词或搜索语句，通过搜索引擎算法来计算出每一位用户关于本次搜索过程的平均查全率、查准率和查新率等相关数据，根据这些经验阈值来确定最优搜索引擎，并形成执行本次网络信息危机预警任务的最优搜索引擎工作组合。

通过上述搜索引擎调动算法和选择策略，用户可以选择潜在可用的成员搜索引擎，并根据用户的兴趣，选择能满足其在时间效率、回馈结果数量、搜索性能、综合查询质量等方面的个性化需求的搜索引擎及其组合。

# 8　网络环境下的企业危机预警评价

## 8.1　企业网络危机传播的分析模块

由于危机信息在网络传播过程中可能产生严重的失真，网络传播过程在很大程度上决定了受众最终接触到的信息。同时网络危机的传播过程还能极大地影响广大受众对网络危机的关注程度和置信程度。企业网络危机传播分析模块通过对危机信息的发布者、传播者、发布时间、源信息、最终信息进行分析，得出网络危机的关注度、权威性、失真度等评价信息。

企业网络危机传播分析包括信息识别、信息追源、意见分析等步骤，其结构见图 8-1。

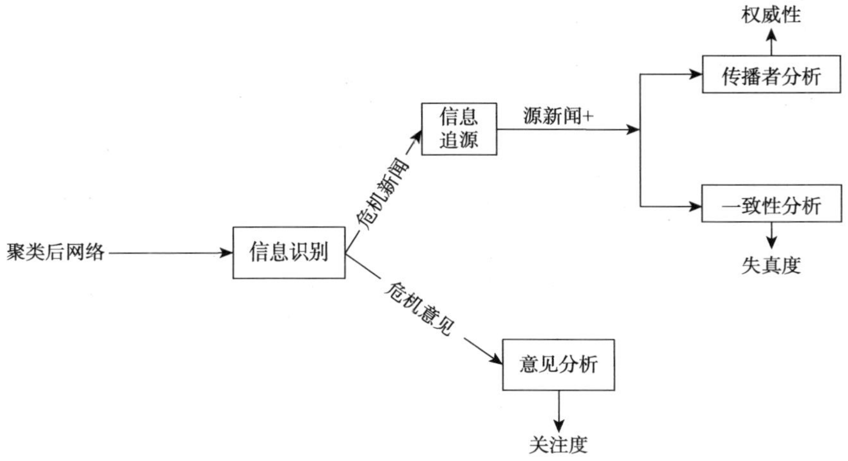


图 8-1　企业网络危机传播分析结构

### 8.1.1 信息识别与追源

在经过结果聚类后，内容相近的一组网络危机搜索结果将首先进行信息识别。信息识别的目的是区分危机新闻和危机意见。信息识别是通过两条途径综合分析实现的，这两条途径分别是内容分析和来源地分析。由于危机意见是由危机新闻所激发的受众主观认识与看法，其中往往夹杂有较多表达个人情感的用词。危机新闻中通常会包含有发布新闻的机构名称，包括传统媒体名称和新闻网站名称。内容分析就通过分析危机信息中这些情感用词及机构名称出现的频率来判定危机信息是属于危机新闻还是危机意见。

另外，危机新闻与危机意见在互联网上也有着不同的传播渠道。危机意见通常发布在网络社区、论坛、博客等，而危机新闻多见于传统媒体网站及专业网站特设的新闻页面。通过对危机信息的具体来源进行分析也可以识别危机信息属于危机新闻还是危机意见。

为了进行一致性分析和传播者分析，还必须找到最初的危机新闻及其发布者。信息追源通过分析危机新闻的发布时间来确定最初的危机新闻及其发布者，并将危机新闻区分为源新闻和派生新闻。

### 8.1.2 传播者分析

公众对企业网络危机的关注程度是企业网络危机的一项重要属性。由于对网络危机给予较高关注的受众会形成自己的意见并在网络上发表，危机意见的数量和质量也就代表了公众对网络危机的关注程度。危机意见又可以分为重要意见和普通回应两种，其中重要意见是指对危机新闻发表的有理有据的分析或评价，普通回应是指对危机新闻发表简单的表达关切或其他感情的简单的回应。意见分析通过分析重要意见和普通回应的数量及相应的点击数量来确定公众对网络危机的关注度。

传播者分析的作用是确定网络危机信息的权威性。通过对危机新闻的最初发布者及派生新闻的发布者，以及新闻转载者的公信力的分析来确定危机信息的权威性。一般来说，政府部门、重要的传统媒体和社会组织享有更高的公信力，其发布的消息也就更具权威性。传统媒体由于有着较严格的审核过程，其转载的新闻也可享有较高的权威性。一致性分析通过对比源新闻和派生新闻来确定危机消息的失真度。

## 8.2　企业网络危机二评预警原理

基于智能元的企业危机预警监测搜索引擎可以为企业搜寻到互联网上关于企业的各种负面的新闻和意见。基于智能元的企业危机预警监测模型还能够过滤掉无关的及过去已经监测过的信息。由于基于智能元搜索的企业危机预警监测模型建立在搜索引擎技术之上，其返回结果与其他的搜索引擎类似，是各个指向与企业相关的负面新闻和意见的网页的链接。但是这些链接的集合并不能直接反映出企业所面临的危机。

首先，企业危机决策需要有关危机状况的信息，如危机信息的真实性与完整性、危机信息与企业的关联程度、危机信息传播的广泛程度、公众对危机信息的关注程度等。这些信息无法从智能元搜索引擎的返回结果中直接得到。

其次，危机监测模型返回结果中包含了部分与企业无关的搜索结果，或者是包含了与企业相关的正面新闻或意见的搜索结果。互联网中最重要的万维网（WWW）是基于超文本（Hypertext）技术构建，并且目前这一技术已经扩展到其他传播形式，如 E-mail 中。基于超文本技术构建的网页往往具有很高的不一致性，同一网页中通常包含多项内容。如果网页中一项内容中有相关主题的负面新闻，而另一项内容中包含了企业的名称，甚至只是简单的关于企业的链接，智能元搜索引擎就会误认为该网页包含了企业的危机信息。

因此，只有对智能元搜索引擎的返回结果进行综合评价，才能进一步排除无关结果，从分散的网页中得出关于企业网络危机状况的整体信息，从而实现对企业网络危机的有效应对。为此，我们提出了企业网络危机二评模型。

## 8.3　网络环境下企业危机二评模型设计

### 8.3.1　基于二评预警原理的企业危机评价模型结构

对信息真实程度的低要求是企业网络危机与传统危机的一个重要区别。在企业的传统危机中，传统媒体，如报纸、电视等，是危机信息传播的主要渠道。这些传统媒体中都存在着“把关人”对所传播信息的真实性进行审核，使传统媒体所发布的信息具有较高的真实性。另外，传统媒体对所发布信息的高质量的要求使信息同时还有较高的完整性。由于企业传统危机的爆发往往需要多家媒体的报道，也即经过多次把关，企业传统危机的爆发通常是基于真实的且较完整的信息。

网络环境下企业危机对信息真实性、完整性的要求都很低。互联网没有“把关人”，任何人均可发布信息。广大的受众由于缺乏对相关知识的了解，对信息的真实性、权威性缺乏鉴别能力，容易相信符合自己心理预期的网络谣言，甚至不相信正规权威渠道发布的信息。这使得一些严重偏离事实的谣言能够在网络上迅速传播，给相关企业造成网络危机。

对网络危机进行评价的主要目的是为危机干预决策提供所需的信息。对于两种不同类型的网络危机（基于真实信息的和基于非真实信息的），显然企业需要采取不同的干预措施。因此，对危机状况的评价必须依据两个标准进行。为此，本书提出了网络环境下企业危机二评模型，如图 8-2 所示。

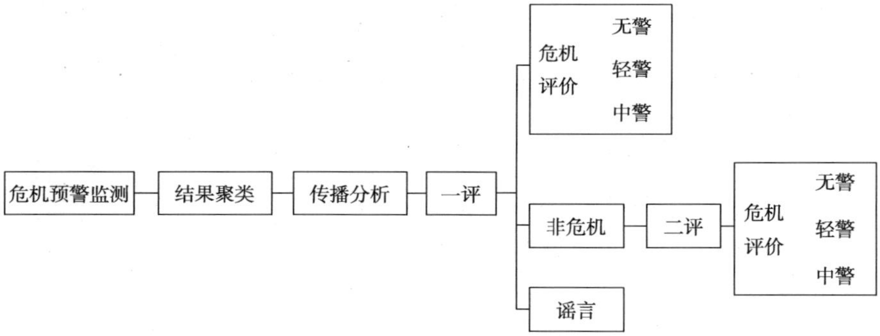


图 8-2　企业网络危机二评模型

经过基于智能元的企业危机预警监测模型搜索到的结果，首先被结果聚类模块分析，内容接近的网页被归为一组。经过结果聚类后的搜索结果被分为若干组，其中的每一组都可能代表企业的一个网络危机。

为了对网络危机进行评价，首先必须对各个网络危机进行传播分析，找出其源信息，传播转载的各个网站，各自的点击率，后期形成的网络意见等传播过程知识。一个专门的传播分析模块将承担此项工作。

一评的主要目的是挑选出第一类危机（即基于真实信息的危机），它依据危机信息的真实性及传播广泛程度将危机分为高危机、低危机、非危机和谣言四类。二评的主要目的是对第二类危机（即基于非真实信息的危机）做出评价。对网络环境下的企业危机预警，必须是基于二评预警原理，将一评和二评相结合的危机评价组合工作模型。

## 8.3.2 企业网络危机一评指标体系

企业网络危机评价的目的是通过对网络危机信息及传播过程各种属性的分析发现危机的传播规模，从而确定是否需要进行危机干预，进行何种程度的干预。因此，对企业网络危机的评价必须基于网络危机信息及危机传播过程的属性来进行。

Catanach 提出对企业危机的评价应该从真实性、关注度、关联性、危害性、反常性、失真度、完整性、时效性、广知性九个方面进行。在本书提出的企业网络危机二评模型中，一评的主要目的除了确定危机的性质（是否危机，是否谣言）外，还要对基于真实消息的危机的传播状况做出综合评价。根据这一要求，本书将从真实性、关联性、权威性、关注度、危害性、失真度、完整性、时效性、广知性九个方面对企业危机状况进行评价。其中真实性和关联性属于决定性指标，权威性、关注度、危害性、失真度、完整性、时效性、广知性属于非决定性指标。以上九个指标都依据相应的评价标准取 0 到 1 中间的值，如表 8-1 所示。

**表 8-1 企业网络危机一评指标体系**

<table>
<tr><th colspan="2" rowspan="2">评价指标</th><th colspan="5">评价值</th></tr>
<tr><th>1</th><th>0.75</th><th>0.50</th><th>0.25</th><th>0</th></tr>
<tr><td rowspan="2">决定性指标</td><td>真实性</td><td>源信息为真</td><td colspan="3">不确定取 0 或 1 时，需通过收集更多的信息来判定真伪</td><td>源信息为假</td></tr>
<tr><td>关联性</td><td>信息仅涉及企业个体行为</td><td colspan="3">危机信息更多地涉及企业个体行为时取较高的值，否则取较低的值</td><td>信息完全不涉及本企业</td></tr>
<tr><td rowspan="7">非决定性指标</td><td>关注度</td><td>极度受关注并成为社会热点议题</td><td>比较受关注</td><td>一般关注</td><td>有点受关注</td><td>不受关注</td></tr>
<tr><td>权威性</td><td>信息发布者具有高公信力且重要传统媒体及网站参与传播</td><td colspan="3">信息发布者和参与传播公信力越高，权威性取值越高</td><td>信息发布者匿名，且没有重要媒体及网站参与传播</td></tr>
<tr><td>危害性</td><td>对消费者心理和企业形象产生极大的负面影响</td><td>负面影响较大</td><td>负面影响一般</td><td>负面影响较小</td><td>基本不会产生负面影响</td></tr>
<tr><td>失真度</td><td>最终信息与源信息基本没有差别</td><td>最终信息与源信息有较小差别</td><td>一般</td><td>最终信息与源信息有较大差别</td><td>最终信息与源信息</td></tr>
<tr><td>完整性</td><td>基本完整</td><td>比较完整</td><td>一般</td><td>不太完整</td><td>很不完整</td></tr>
<tr><td>时效性</td><td>及时</td><td></td><td>一般</td><td></td><td>过时</td></tr>
<tr><td>广知性</td><td>返回结果非常多</td><td>返回结果比较多</td><td>返回结果数量一般</td><td>返回结果数量较少</td><td>返回结果数量很少</td></tr>
</table>

（1）真实性。真实性表示源信息的真实程度。真实性属于决定性指标，当源信息为真时，真实性取值为 1，当源信息为假时，真实性取值为 0。真实性指标是

决定性指标，它的取值只能是 0 或 1，并且当真实性取值为 0 时，当前危机被评判为谣言，并直接进入二评程序。当真实性难以判断时，系统将返回前面的搜索程序，搜集更多的信息来判断其真伪。

（2）关联性。关联性表示危机信息所反映的内容与企业的关联程度。如果危机信息所反映的内容仅仅涉及企业个体自身的行为则关联性取值为 1，如果危机信息所反映的内容完全不涉及企业自身及所属行业地区则取值为 0，当危机信息较多地涉及企业个体自身的行为时应取较高的值，当危机信息更多地涉及行业等时取较低的值。关联性也是决定性指标，当关联性取值为 0 时，当前危机被评判为非危机。当关联性难以判断时，系统将返回前面的搜索程序，搜集更多的信息来判断关联性。

（3）关注度。关注度表示信息表达内容受到公众的关心与注意的程度。如果危机信息表达内容可能极大地受到社会公众的广泛关注并在一段较长时间内成为社会热点议题，则其关注度可取值为 1。如果危机信息表达内容几乎不能引起公众或者只能引起极少数公众的关心与注意，从而使该信息根本不能成为社会公共议题，则其关注度可取 0 值。

（4）权威性。权威性表示的是信息发布、传播者的公信力大小。权威性高的信息更容易得到社会公众的认可和接受。权威性的高低从三个方面判断，一是信息发布者是否匿名及其公信力，二是传统媒体，特别是高公信力媒体是否介入传播，三是高公信力网站是否介入传播。

（5）危害性。危害性表示危机所提出指控的严重程度，也即当某个消费者完全接受危机信息后，危机信息对消费者心理和企业形象造成损失和破坏的大小程度。

（6）失真度。失真度表示信息在传播过程中由于发出者、传送渠道或接收者等的差异而造成信息脱离原貌的程度。在信息的网络传播过程中，会出现不同程度的信息失真。危机信息的失真度可用最终信息与源信息之间的偏离程度来表示。

（7）完整性。完整性表示危机信息本身表达所反映事物、事件的完整程度。完整程度越高，其影响力和对企业造成的损失越高，同时企业进行危机公关的难度也越高。

（8）时效性。时效性表示信息有效性的时间尺度。超过一定时间尺度的信息，其关注度急剧降低，影响力也急剧下降。时效性依据信息最初发布的时间来确定。

（9）广知性。广知性表示信息传播范围的大小程度。信息传播的范围越广，其可能给企业造成的影响也就越广。广知性可依据搜索引擎返回结果的数量来确定。

### 8.3.3　企业网络危机二评指标体系

互联网上频繁出现网络谣言使企业面临着与传统危机截然不同的危机。尽管网络谣言偏离了事实真相，甚至可能达到极大地违背常识的程度，但由于广大受众并不是理性的，他们依据自身的认知模式来选择信息，因此，契合了部分受众的心理的网络谣言能够在相当的程度上被受众接受，从而给消费者心理及行为、企业形象、企业经营带来严重的负面影响。这方面最具代表性的事件就是“肯德基炸鸡非鸡”事件。二评的主要目的是对属于网络谣言类的企业危机的传播状况及可能产生的影响做出识别和评价。

根据网络谣言传播的规律和特点，以及它们可能对企业造成的负面影响，本章选择关联性、关注度、危害性、伪科学性、新奇性、易懂性、时效性、广知性等评价指标。其中关联性、关注度、危害性、时效性、广知性的评价标准与一评相同。伪科学性、新奇性、易懂性的评价标准如下。

（1）伪科学性。危机信息的伪科学性指危机信息冒充科学理论的程度。事实表明，那些有模有样地宣布某项发现得到科学研究支持的谣言很容易被受众接受。谣言的伪科学性可以从谣言引用的科学名词、知名学者、学术机构的次数上来评判。较多引用科学名词、知名学者、学术机构的可取较高的值，反之可取较小的值。

（2）新奇性。新奇性指危机信息所揭示内容通常不在常规大众的知识范畴之内。较新奇的谣言往往更容易得到传播。新奇性可以用谣言关键词搜索结果的时间尺度来评判，如果过去没有出现过类似的网络谣言则新奇性可取值 1，如果过去已经反复出现则取值 0。

（3）易懂性。易懂性指危机信息是否通俗易懂，不需要太高的知识水平，能够为广大的普通受众所了解。

企业网络危机的二评指标体系如表 8-2 所示。

**表 8-2　企业网络危机二评指标体系**

<table>
<tr><th rowspan="2">评价指标</th><th colspan="5">评价值</th></tr>
<tr><th>1</th><th>0.75</th><th>0.50</th><th>0.25</th><th>0</th></tr>
<tr><td>关联性</td><td>信息仅涉及本企业个体行为</td><td colspan="3">危机信息更多地涉及企业个体行为时取较高的值，否则取较低的值</td><td>信息完全不涉及本企业</td></tr>
<tr><td>关注度</td><td>极度受关注并成为社会热点议题</td><td>比较受关注</td><td>一般关注</td><td>有点受关注</td><td>不受关注</td></tr>
<tr><td>伪科学性</td><td>较多地引用科学名词、知名学者、学术机构等作为证据</td><td colspan="3">引用科学名词、知名学者、学术机构等的次数较高时取较大的值</td><td>没有引用科学名词、知名学者、学术机构作为证据</td></tr>
</table>

续表

| 评价指标 | 评价值 | | | | |
|---|---|---|---|---|---|
| | 1 | 0.75 | 0.50 | 0.25 | 0 |
| 危害性 | 对消费者心理和企业形象产生极大的负面影响 | 负面影响较大 | 负面影响一般 | 负面影响较小 | 基本不产生负面影响 |
| 新奇性 | 十分新奇 | 比较新奇 | 一般 | 不太新奇 | 很不新奇 |
| 易懂性 | 十分易懂 | 比较易懂 | 一般 | 不太易懂 | 很难理解 |
| 时效性 | 及时 | | 一般 | | 过时 |
| 广知性 | 返回结果非常多 | 返回结果比较多 | 返回结果数量一般 | 返回结果数量较少 | 返回结果数量很少 |

# 8.4　危机警度判定与危机发展预测

## 8.4.1　基于模式识别理论的危机警度判定

从 8.3 节可以看出，企业危机的发展涉及多个方面，其整体状况必须从多个指标进行综合考察。为了方便危机干预决策，有必要对危机的发展状况进行综合性的、整体性的评价。从预警的角度来说，就是判定危机的警度。

综合评价有多种方法，本书选用模拟人脑形象思维过程的模式识别法。模式识别是根据所研究对象的特征观察值，分辨其所属类别的一种分类方法。模式识别技术起源于信号处理与人工智能研究领域，通过模拟人脑形象思维，根据事物的特征、形象或关系，辨识、判定和处理事物的一种智能决策方法和技术，目前已成功地应用于工业、农业、国防、科研、医疗卫生、气象、天文等各个领域[156]。

模式是客观事物的一种标准状态，是一个可用于仿效的完善的标本，往往表现为具有时间或空间分布的客观事物信息。模式类也简称为类，是具有共同特点的模式的集合。当用一定的度量来衡量两个样本，而找不出它们之间的差别时，它们在这种度量条件下属于同一等价类。不同的模式类之间是可以区分的，它们之间有明确的界限[157]。模式识别就是根据某一具体事物的状态特征将其正确地归入某一类别，在错误率最小的前提条件下，自动地把待识别模式分配到各自的模式类中去，使识别的结果与客观情况相符。

从模式识别的角度，可以这样理解和重新定义预警这个概念，即预警是把未知警度的样本与已知警度的样本进行比较辨别，从而确定新样本所归属的预警模式类别。通常警度可划分成多个级别，如无警、轻警、中警、重警、巨警等。所有具有相同警度的危机企业样本组成一个预警模式集（模式类），不同警度的预警模式集就代表了不同的预警模式类别。将模式识别应用于企业危机状态的判别，是企业危机预警理论方法的一种新的尝试[158]。

通过模式识别来实现企业危机预警时，首先，要建立预警模型，给出最小出错率的决策规则和设计分类器，其次，根据企业危机发生的概率分布情况，识别企业危机状况的危机等级。

1. 企业网络危机指标预警模型

在描述企业网络危机状况的指标中，对于不便计算的定性指标，可以通过德尔菲法、层次分析法或模糊数学等方法转化为定量指标。这些指标又可被称为企业危机的特征观察值，记为 $x_n(t)$，其中，$n$ 表示观察值（指标）的编号，$t$ 表示时间，且 $t \in (1,k)$。所有观察值构成了描述企业经营状况的 $n \times k$ 维特征状态空间。

若将企业危机状态等级总数记为 $c$，即 $c$ 个警度，各类别等级状态分别用 $\omega$ 表示，$i=1,2,\cdots,c$，则各个 $\omega_i$ 出现的条件概率密度函数为 $p(x|\omega_i)$。

2. 最小出错率的决策规则及分类器的设计

若知道了企业危机预警特征观察值 $x$ 属于不同警度的先验概率，显然基于最小出错率的分类模式有如下决策规则。

如果 $P(\omega_i|x) > P(\omega_j|x)$，则把 $x$ 归类于 $\omega_i$；

如果 $P(\omega_i|x) < P(\omega_j|x)$，则把 $x$ 归类于 $\omega_j$；

如果 $P(\omega_i|x) = P(\omega_j|x)$，则有待判别。

根据上面的规则，利用贝叶斯公式：

$$P(\omega_i|x) = \frac{p(x|\omega_i)P(\omega_i)}{\sum_{i=1}^{c} p(x|\omega_i)P(\omega_i)} \tag{8-1}$$

判别式又可改成：当 $j=1,2,\cdots,c$ 时，如果 $p(x|\omega_i)P(\omega_i) > p(x|\omega_j)P(\omega_j)$，则 $x \in \omega_i$；或者如果 $P(\omega_i|x) = \max P(\omega_j|x)$，则 $x \in \omega_i$。

定义判别函数为

$$g_{ij}(x) = g_i(x) - g_j(x) \tag{8-2}$$

其中，$g_i(x) = P(\omega_i|x)$ 或 $g_i(x) = p(x|\omega_i)P(\omega_i)$，$i=1,2,\cdots,c$。$g_j(x)$ 同 $g_i(x)$ 类似。

如果 $g_{ij}(x) > 0$，则决策 $\omega_i$；

如果 $g_{ij}(x) < 0$，则决策 $\omega_j$；

如果 $g_{ij}(x)=0$，则表示这是决策面方程。

显然决策面是特征空间中的超曲面，它将两个相邻的决策域分割开，在决策面上，判别函数 $g_j(x)$ 同 $g_i(x)$ 的值是相等的。

3. 判别函数

$n$ 个特征观察值 $x$ 的分布预先可以通过大量的统计数据估算出，这里考虑 $x$ 呈正态分布时的计算方法。在类别 $\omega_i$ 中，观察值 $x$ 呈多元正态分布的概率密度函数为

$$p(x|\omega_i)=\frac{1}{(2\pi)^{\pi/2}\left|\Sigma_i\right|^{1/2}}\exp\left\{-\frac{1}{2}(x-\mu_i)^{\mathrm{T}}\Sigma_i^{-1}(x-\mu_i)\right\} \tag{8-3}$$

其中，$x=[x_1,x_2,\cdots,x_n]^{\mathrm{T}}$，$\mu_i=E_i(x)$，表示类 $\omega_i$ 的均值向量，$\Sigma_i=E\left\{(x-\mu_i)(x-\mu_i)^{\mathrm{T}}\right\}$，表示类 $\omega_i$ 的协方差矩阵，$\Sigma_i^{-1}$ 表示 $\Sigma_i$ 的逆矩阵。

在多元正态分布下，令最小错误率判别式：

$$g_i=\ln[p(x|\omega_i)P(\omega_i)] \tag{8-4}$$

将式（8-3）代入式（8-4），得

$$g_i(x)=-\frac{1}{2}(x-\mu_i)^{\mathrm{T}}\Sigma_i^{-1}(x-\mu_i)-\frac{n}{2}\ln 2\pi-\frac{1}{2}\ln\left|\Sigma_i\right|+\ln P(\omega_i) \tag{8-5}$$

式（8-5）中的第二项 $\frac{n}{2}\ln 2\pi$ 与 $i$ 无关，可忽略，故简化为

$$g_i(x)=-\frac{1}{2}(x-\mu_i)^{\mathrm{T}}\Sigma_i^{-1}(x-\mu_i)-\frac{1}{2}\ln\left|\Sigma_i\right|+\ln P(\omega_i)=x^{\mathrm{T}}W_ix+w_i^{\mathrm{T}}x+\omega_{i0} \tag{8-6}$$

其中，$W_i=-\frac{1}{2}\Sigma_i^{-1}$（$n\times n$ 矩阵），$w_i=\Sigma_i^{-1}\mu_i$（$n$ 维矩阵）；$\omega_{i0}=-\frac{1}{2}\mu_i^{\mathrm{T}}\Sigma_i^{-1}\mu_i-\frac{1}{2}\ln\left|\Sigma_i\right|+\ln P(\omega_i)$。

判别函数：

$$g_{ij}(x)=g_i(x)-g_j(x)=x^{\mathrm{T}}(W_i-W_j)x+(w_i-w_j)^{\mathrm{T}}x+\omega_{i0}-\omega_{j0} \tag{8-7}$$

决策面方程 $g_{ij}(x)=0$。它表示第 $i$ 个类与第 $j$ 个类之间的超曲面。

假如指标变量呈其他函数分布，如均匀分布、Γ 分布和 β 分布等，也可以类似地求解。

4. 模式识别的错误率估计

在模式识别理论中，对于两类问题，最小出错率决策下的错误率计算公式为

$$P(e)=\sum_{i=1}^{2}P(\omega_i)\int_{\Omega_i}p(x|\omega_i)\mathrm{d}x=\sum_{i=1}^{2}P(\omega_i)P_i(e) \tag{8-8}$$

其中，$\Omega_i$表示类别空间。当$x$为多维向量时，实际上要进行多重积分计算，错误率的计算一般采用 Bhattacharyya 系数法。如果两个类服从$\mathrm{N}(\mu_1,\Sigma_1)$和$\mathrm{N}(\mu_2,\Sigma_2)$的正态分布，则 Bhattacharyya 系数确定的错误率上界为

$$P(e)\leqslant\sqrt{P(\omega_1)P(\omega_2)}\exp(-J) \tag{8-9}$$

其中，

$$J=\frac{1}{8}(\mu_2-\mu_1)^{\mathrm{T}}\left[\frac{\Sigma_1+\Sigma_2}{2}\right]^{-1}(\mu_2-\mu_1)+\frac{1}{2}\ln\frac{\left|\frac{1}{2}(\Sigma_1+\Sigma_2)\right|}{|\Sigma_1|^{1/2}|\Sigma_2|^{1/2}} \tag{8-10}$$

5. 企业网络危机总警度判定

为了判定企业网络危机的总警度，在分别对危机各个预警指标进行观察之后，还需要进行综合评判。基于模式识别的企业网络危机总警度的综合评判过程如下。

将危机讯号信息转换成危机总警度，需要根据危机预警指标体系，对危机讯号信息进行各项指标的实际危机警度计算。首先，对每一个评价指标确定一个可接受值与不可接受值，以可接受值为上限，以不可接受值为下限，计算其现实危机程度，并转化为相应的评价值；其次，将各个指标的评价值加权平均得出企业网络危机的综合评估值；最后，与企业危机警度标准相对比，可得出危机总警度。各项指标的可接受值、不可接受值及权重的合理性与科学性直接决定危机警度计算的准确性与可信度。为此，可接受值可采用本行业或本企业的历史最差水平，各指标的权重设置既要考虑其现实可行性，又要考虑其科学性，可采用德尔菲法或层次分析法完成。

危机总警度的计算方法与步骤具体如下：

（1）确定权重：利用德尔菲法或层次分析法确定各指标的权重，记指标$i$的权重为$W_i$；

（2）划分警度：依据对总警度的五级划分，即无警、轻警、中警、重警、巨警，以及各项指标的具体情况，对各项指标划分各警度区间；

（3）确定评价值取值范围：以 0，1，2，3，4 分别表示无警、轻警、中警、重警、巨警，确定评价值的取值范围为[0，4]；

（4）确定各指标评价值：利用判别函数确定各项指标的警度，并依据警度确定相应指标的评价值。记指标$i$的评价值为$Y_i$；

（5）综合评价：企业网络危机的综合评价值为$Y=\sum Y_iW_i$；

（6）确定总警度：依据表 8-3 确定企业网络危机总警度。

表 8-3　总警度对照表

| 总警度 | 无警 | 轻警 | 中警 | 重警 | 巨警 |
|---|---|---|---|---|---|
| 评价值 | 0~0.5 | 0.5~1.5 | 1.5~2.5 | 2.5~3.5 | 3.5~4 |

在实际评价中，也可以依据实际情况或对危机未来发展的预测对危机总警度作适当修正。

## 8.4.2　基于灰色系统理论的网络危机发展预测

除了网络危机的当前状况外，危机未来发展趋势的预测对于危机干预决策也有着重要意义。趋势预测、回归分析、指数平滑、差分模型、时序模型等方法都可以用于预测，但由于企业网络危机具有发展规律不确定、不规则，可观察信息较少等特点，应当采用灰色预测法。

灰色系统理论的研究对象是部分已知、部分未知或非确知的信息不完全的系统[159]。其特点是从近代系统论、运筹学和广义不确定性研究的观点出发，通过对系统信息不完全的描述与分析，研究信息不充分条件下系统建模、预测决策、评估和控制等问题。而企业网络危机系统传播涉及众多的媒体、发布者和传播者，其内在结构、危机发展传播规律难以厘清，因而是一个典型的灰色系统。

灰色预测模型有 GM(1, 1)和 GM(1, $n$)两种。GM(1, 1)灰色预测模型主要用于单一的时间序列预测，但无法反映多个变量间的相互影响、协同发展的情况。GM(1，$n$)灰色预测模型主要描述变量间的相互关系，一般不用于预测[160]。因此，对于含有多个相互关联的因素的复杂系统，任何单个模型都不能反映系统的发展变化，必须考虑建立系统模型才能有效地预测。一般情况下，在对系统做出准确的分析之后，对独立的特征观察值，即主导因素建立 GM(1，1) 模型，对非独立的特征观察值，即关联因素建立 GM(1，$n$) 模型，然后将这 $n$ 个多元微分方程联立求解，得出系统的预测值。

1. GM(1，1)与 GM(1，$n$)灰色预测模型

对于 $n$ 个变量的网络危机传播系统，假定已经通过监测搜索和一评、二评得到各个指标在 1 至 $k$ 个时刻的观察值：

$$x_1^{(0)} = \left\{x_1^{(0)}(1), x_1^{(0)}(2), \cdots, x_1^{(0)}(k)\right\}$$

$$x_2^{(0)} = \left\{x_2^{(0)}(1), x_2^{(0)}(2), \cdots, x_2^{(0)}(k)\right\}$$

$$\vdots$$

$$x_n^{(0)} = \left\{x_n^{(0)}(1), x_n^{(0)}(2), \cdots, x_n^{(0)}(k)\right\}$$

每个 $x_i^{(0)}(i=1,2,\cdots,n)$ 代表网络危机的一个评价指标，$x_i^{(0)}(j)$ 表示指标 $i$ 在时刻 $j$ 的观察值。由于各个指标之间可能存在着互为因果的关联作用，需要首先对主导因素建立 GM(1，1) 模型：

$$\frac{\mathrm{d}x_i^{(1)}}{\mathrm{d}t}+a_i x_i^{(1)}=u_i \tag{8-11}$$

式（8-11）可按最小二乘法求解：

$$a=[a_i,u_i]^{\mathrm{T}}=(B_i^{\mathrm{T}}B_i)^{-\mathrm{T}}B_i^{\mathrm{T}}Y_i \tag{8-12}$$

$$B_i=\begin{bmatrix} -\frac{1}{2}(x_i^{(1)}(1)+x_i^{(1)}(2)) & 1 \\ -\frac{1}{2}(x_i^{(1)}(2)+x_i^{(1)}(3)) & 1 \\ \vdots & \vdots \\ -\frac{1}{2}(x_i^{(1)}(k-1)+x_i^{(1)}(k)) & 1 \end{bmatrix} \tag{8-13}$$

对关联因素建立 GM(1，$n$)模型：

$$\frac{\mathrm{d}x_i^{(1)}}{\mathrm{d}t}+a_i x_i^{(1)}=\sum_{m\neq i}^{n}a_m x_m^{(1)} \tag{8-14}$$

式（8-14）可按最小二乘法求解：

$$a=[a_1,a_2,\cdots,a_n]^{\mathrm{T}}=(B_i^{\mathrm{T}}B_i)^{-\mathrm{T}}B_i^{\mathrm{T}}Y_i \tag{8-15}$$

$$B_i=\begin{bmatrix} -\frac{1}{2}(x_i^{(1)}(1)+x_i^{(1)}(2)) & x_1^{(1)}(2)\cdots x_{i-1}^{(1)}(2) & x_{i+1}^{(1)}(2)\cdots x_n^{(1)}(2) \\ -\frac{1}{2}(x_i^{(1)}(2)+x_i^{(1)}(3)) & x_1^{(1)}(3)\cdots x_{i-1}^{(1)}(3) & x_{i+1}^{(1)}(3)\cdots x_n^{(1)}(3) \\ \vdots & \vdots & \vdots \\ -\frac{1}{2}(x_i^{(1)}(k-1)+x_i^{(1)}(k)) & x_1^{(1)}(k)\cdots x_{i-1}^{(1)}(k) & x_{i+1}^{(1)}(k)\cdots x_n^{(1)}(k) \end{bmatrix} \tag{8-16}$$

其中，式（8-12）和式（8-15）的

$$Y_i=\left[x_i^{(0)}(2),x_i^{(0)}(3),\cdots,x_i^{(0)}(k)\right]^{\mathrm{T}} \tag{8-17}$$

式（8-13）和式（8-16）中的 $x_i^{(1)}$ 是 $x_i^{(0)}$ 的一次累加生成(1-AGO)值，即

$$x_i^{(1)}(k)=\sum_{m=1}^{k}x_i^{(0)}(m) \tag{8-18}$$

2. 指标观察值发展预测

对于所有的指标 $x_i^{(0)}(i=1,2,\cdots,n)$ 序列，分别建立相应的 GM(1，1) 或 GM(1，$n$) 模型，就组成了 $n$ 个多元微分方程，变换成标准的形式，有

$$\begin{cases} \dot{x}_1^{(1)} = a_{11}x_1^{(1)} + a_{12}x_2^{(1)} + \cdots + a_{1n}x_n^{(1)} + u_1 \\ \dot{x}_2^{(1)} = a_{21}x_1^{(1)} + a_{22}x_2^{(1)} + \cdots + a_{2n}x_n^{(1)} + u_2 \\ \qquad \vdots \\ \dot{x}_n^{(1)} = a_{n1}x_1^{(1)} + a_{n2}x_2^{(1)} + \cdots + a_{nn}x_n^{(1)} + u_n \end{cases} \tag{8-19}$$

微分方程组系数 $a_{ij}$ 由式（8-12）和式（8-15）求出，于是，系统预测模型的状态方程为

$$\begin{cases} \dot{X} = AX + U \\ X(t_0) = X^{(0)} \end{cases} \tag{8-20}$$

其中，$\dot{X} = [\dot{x}_1, \dot{x}_2, \cdots, \dot{x}_n]^{\mathrm{T}}$，$X = [x_1, x_2, \cdots, x_n]^{\mathrm{T}}$，$U = [u_1, u_2, \cdots, u_n]^{\mathrm{T}}$，$X^{(0)} = [x_1^{(0)}(1), x_2^{(0)}(1), \cdots, x_n^{(0)}(1)]^{\mathrm{T}}$。

状态方程矩阵：

$$A = \begin{bmatrix} a_{11} & a_{12} & \cdots & a_{1n} \\ a_{21} & a_{22} & \cdots & a_{2n} \\ \vdots & \vdots & & \vdots \\ a_{n1} & a_{n2} & \cdots & a_{nn} \end{bmatrix}$$

用 Laplace 变换，可求出系统状态方程的解的形式：

$$X(t) = e^{\mu} X^{(0)} + \int_0^t e^{\mu(t-\tau)} B(\tau) u(\tau) \mathrm{d}\tau \tag{8-21}$$

其中，$e^{\mu} = I + At + \frac{1}{2!}A^2t^2 + \cdots + \frac{1}{m!}A^m t^m$。

利用龙格–库塔（Runge-Kutta）法，计算出 $t = k+1$ 时刻的解为

$$x^{(1)}(k+1) = [x_1^{(1)}(k+1), x_2^{(1)}(k+1), \cdots, x_n^{(1)}(k+1)] \tag{8-22}$$

对式（8-22）进行累减生成(1-IGO)，即

$$x_i^{(0)}(k+1) = x_i^{(1)}(k+1) - x_i^{(1)}(k) \tag{8-23}$$

最后就可以得到各指标在下一时刻的观察值的预测结果：

$$x^{(0)}(k+1) = [x_1^{(0)}(k+1), x_2^{(0)}(k+1), \cdots, x_n^{(0)}(k+1)] \tag{8-24}$$

### 8.4.3　案例示范性实证分析

考虑到实际指标数值获取的便利情况，以财务指标为基础，来预测企业发生财务危机的可能性。当然，也可以考虑组织结构、人力资源、竞争力、营销、创新等指标，只不过在计算之前必须将所有的定性指标转化为定量指标。

目前，国际上关于企业财务危机的界定标准还有争论，国外研究基本上是

以企业破产或提出破产保护时企业的财务指标数据为界线来区别企业是否陷入财务危机。我国因为《企业破产法》颁布时间不长，市场经济还不成熟，企业财务危机的研究一般以上市公司是不是特别处理（special treatment，ST）作为划分标准。因此，特在深沪股市中随机选择 40 家 ST 公司（代表危机企业）和 60 家非 ST 公司（代表非危机企业）的财务数据作为训练样本。在进行单指标显著性及相关性分析之后，选择资产负债率、流动比率、应收账款周转率、经营活动现金流量与净利润比率、主营业务利润率、净资产收益率六项作为财务预警指标。

通常企业经营情况分为危机状态与非危机状态两类，即 $c=2$ 。非危机企业的类别用 $\omega_1$ 表示，危机企业的类别用 $\omega_2$ 表示。财务预警指标有六项，即 $n=6$ ，经过参数估计，训练样本的六项财务指标均服从多元正态分布，先验概率分别是：非 ST 企业 $p(\omega_1)=0.4$ ，ST 企业 $p(\omega_2)=0.6$ ，条件概率密度函数 $p(x|\omega_i)$ 相关参数的取值为

$$\Sigma_1=\begin{bmatrix} 1.351 & -10.492 & 0.519 & 2.016 & 4.011 & 1.143 \\ -10.492 & 98.245 & -17.397 & -30.836 & -38.148 & -6.152 \\ 0.519 & -17.397 & 63.915 & 22.383 & 37.178 & 5.921 \\ 2.016 & -30.836 & 22.383 & 88.627 & -13.582 & -0.216 \\ 4.011 & -38.148 & 37.178 & -13.582 & 79.274 & 16.024 \\ 1.143 & -6.152 & 5.921 & -0.216 & 16.024 & 8.202 \end{bmatrix}$$

$$\Sigma_2=\begin{bmatrix} 0.802 & -16.925 & -2.148 & -1.527 & -9.304 & 6.295 \\ -16.925 & 252.160 & -48.471 & -20.614 & 51.386 & -79.217 \\ -2.148 & -48.471 & 43.719 & 11.032 & 9.813 & 31.528 \\ -1.527 & -20.614 & 11.032 & 27.941 & 58.394 & 17.629 \\ -9.304 & 51.386 & 9.813 & 58.394 & 497.902 & 231.551 \\ 6.295 & -79.217 & 31.528 & 17.629 & 231.551 & 351.613 \end{bmatrix}$$

$$\mu_1=\begin{bmatrix} 1.318 \\ 19.253 \\ 5.925 \\ 7.016 \\ 8.422 \\ 5.013 \end{bmatrix} \quad \mu_2=\begin{bmatrix} 2.973 \\ 93.156 \\ 10.389 \\ 12.471 \\ -56.249 \\ -47.527 \end{bmatrix}$$

选定万向钱潮（000559）作为实证研究案例，其 2001~2005 年六项财务指标数据如表 8-4 所示。

表 8-4 万向钱潮（000559）2001~2005 年财务指标数据

| 年份 | $k$ | 流动比率 | 资产负债率 | 应收账款周转率 | 经营活动现金流量与净利润比率 | 主营业务利润率 | 净资产收益率 |
|---|---|---|---|---|---|---|---|
| 2001 | 1 | 1.65 | 30.56% | 6.76 | 1.719 2 | 24.73% | 9.55% |
| 2002 | 2 | 1.26 | 36.32% | 7.42 | 1.440 8 | 20.99% | 10.14% |
| 2003 | 3 | 1.32 | 38.16% | 8.41 | 1.676 8 | 19.21% | 10.2% |
| 2004 | 4 | 0.93 | 54.3% | 7.32 | 1.342 6 | 20.15% | 9.66% |
| 2005 | 5 | 1.22 | 57.39% | 6.73 | 1.660 1 | 17.84% | 8.34% |

经计算，得出判别函数：

$$g_{ij}(x)=\begin{bmatrix}x_1\\x_2\\x_3\\x_4\\x_5\\x_6\end{bmatrix}^{\mathrm{T}}\begin{bmatrix}1.742\,5 & -0.013\,2 & 0.051\,7 & 0.087\,2 & -0.001\,4 & 0.007\,2\\-0.118\,3 & -0.003\,7 & 0.001\,4 & -0.000\,7 & -0.000\,9 & 0.002\,4\\0.062\,9 & 0.001\,5 & 0.005\,7 & 0.001\,8 & 0.004\,2 & -0.001\\0.081\,3 & -0.000\,8 & 0.002\,1 & 0.024\,5 & 0.001\,1 & 0.003\,1\\-0.006\,1 & 0.003\,4 & -0.001\,5 & -0.002\,6 & -0.004\,7 & 0.008\,2\\0.012\,6 & 0.002\,6 & -0.003\,3 & 0.002\,9 & 0.006\,9 & -0.018\,9\end{bmatrix}\begin{bmatrix}x_1\\x_2\\x_3\\x_4\\x_5\\x_6\end{bmatrix}$$

$$+\begin{bmatrix}-3.582\\0.741\\-0.195\\-0.244\\0.419\\0.286\end{bmatrix}^{\mathrm{T}}\begin{bmatrix}x_1\\x_2\\x_3\\x_4\\x_5\\x_6\end{bmatrix}-4.273\,7$$

考虑到流动比率会受资产负债率的影响，主营业务利润率会受净资产收益率的影响，因此对资产负债率、应收账款周转率、经营活动现金流量与净利润比率、净资产收益率分别建立 GM(1, 1)，对流动比率和主营业务利润率分别建立 GM(1, $n$)模型，得到系统的状态方程为

$$\begin{bmatrix}\dot{x}_1\\\dot{x}_2\\\dot{x}_3\\\dot{x}_4\\\dot{x}_5\\\dot{x}_6\end{bmatrix}=\begin{bmatrix}0.692 & -0.017 & 0 & 0 & 0 & 0\\0 & 0.116 & 0 & 0 & 0 & 0\\0 & 0 & 0.258 & 0 & 0 & 0\\0 & 0 & 0 & 0.072 & 0 & 0\\0 & 0 & 0 & 0 & -1.024 & 2.545\\0 & 0 & 0 & 0 & 0 & -0.122\end{bmatrix}\begin{bmatrix}x_1\\x_2\\x_3\\x_4\\x_5\\x_6\end{bmatrix}+\begin{bmatrix}0\\37.27\\4.81\\29.14\\0\\16.29\end{bmatrix}$$

解方程得出预测结果为

$$x(6)=[2.05,62.14,8.26,39.69,5.02,5.83]$$

根据最小错误率判别函数式，有 $g_{ij}(x)=8.49>0$。

据此预测万向钱潮在 2006 年不会发生财务危机。而由 $J_B = 2.745$ 且错误率上界 $P(e) = 4.09\%$，可确定万向钱潮判断出错的最大概率仅为 4.09%。

# 8.5　企业危机多主体模糊综合评价方法

## 8.5.1　多主体模糊综合评价的优势

从上文的分析可以看出，企业经营过程存在许多利益相关者。由于他们有着不同的利益和信息渠道，他们对危机可能产生不同的认知，危机的各个属性对他们的认知有着不同的影响。同时他们也有着不同的权力和能力，可能采取多种行动，对企业的经营过程产生各种各样的影响。要评估企业网络危机对企业经营过程的影响就必须综合考虑这些因素。

对企业网络危机影响的综合评价面临着准确度的问题。首先是危机各项属性指标取值难以准确度量。特别是关注度等指标，不同的人会有不同的看法。危机对各利益相关者认知的影响也难以准确度量[161]。因此，本书拟采取模糊综合评价法来实现综合评价。

综合评价中通常采用的是单人评价，即由单人完成评价过程，又称个体评价。从前面的分析可以看出，企业网络危机影响有多种属性，涉及多方利益相关者，影响过程也较复杂。单个的评价者对企业网络危机的观察和理解与其个人的文化背景、知识结构、社会地位及能力等因素密切相关。个体所受到的各种制约因素使得个体对网络危机的认识不可避免地带有很大的局限性。同时，任何个体都有其偏好，其评价结果难免偏颇。在实践中也很少由单人做出对局势的综合判断，而经常采用综合多人意见的方法。

要克服个人认识能力不足对综合评价决策可能产生的不利影响，提高综合评价的准确度和科学性，方法之一就是进行多人评价。多人评价并不是对多个个体评价意见的简单相加或加权平均，事实上许多问题的评价结果也无法相加。多人评价方法源自群决策理论[125, 162]，它依据一定的集结规则和方法对多名专家的意见进行集结，最终形成群体的评价意见。多人评价通常用来解决以下问题。

（1）问题有两个或两个以上的评价者，每个评价者都有自己独特的对问题的理解、决策动机及个人偏好等；

（2）评价者面对的问题庞大而复杂，需要集中集体的智慧才能创造性地加以解决；

（3）期望最终评价结果能充分反映所有评价者的意见。

多人评价能够增加综合评价的科学性。许多研究表明同个体评价相比，多人评价的正确率较高，误差率较小。

## 8.5.2　评价指标权重确定

综合评价必须确定各评价指标的权重。层次分析法是分析复杂问题中各因素重要性的重要方法，经常被用于在综合评价中确定各评价指标的权重。但企业网络危机影响过程中各因素之间相互作用的过程并非十分清晰，单人评价容易失误。本章在层次分析法的基础上引进多人评价中的理想评价者法来实现对多个评价专家评价意见的集结。

1. 建立层次结构

从前文分析中可以看出，顾客、供应商、员工、股东、竞争对手、普通受众、政府主管部门都可能对企业的经营过程产生影响，而真实性、关联性、权威性、关注度、危害性、失真度、完整性、时效性、广知性又都会对这些利益相关者的认知产生影响，因此企业网络危机影响过程的层次结构如图 8-3 所示（此处以真实性危机为例，网络谣言可类推）。

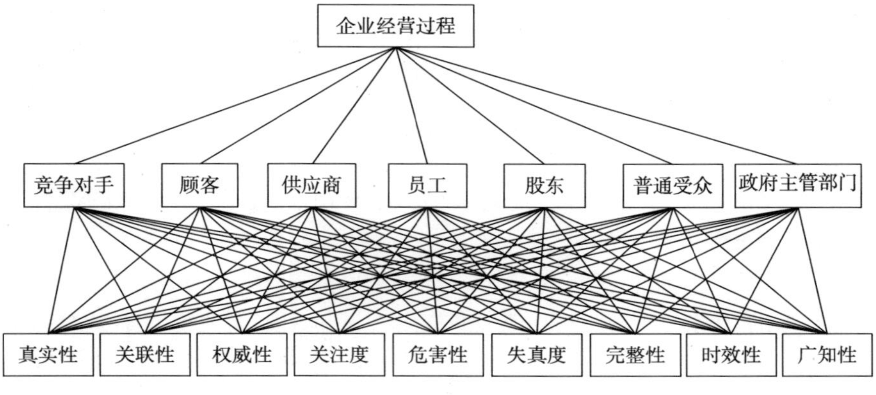


图 8-3　企业网络危机影响过程的层次结构

2. 单一准则下的权重确定

建立了层次结构以后，上下层之间元素的隶属关系即被确定。为了进行综合评估，必须首先确定在某一上层元素（准则）$U_k^i$ 下各 $U_{k+1}$ 层元素的相对权重。

在层次分析法中通常采用相关重要程度相关等级法来确定同层元素的相对权重。首先建立表 8-5 所示的相对重要性判断矩阵。请专家依据两个因素的相对重要性为 $a_{ij}$ 取值并填入表 8-5 中。$a_{ij}$ 的判断尺度采用 1-9 标度法：1 表示 $u_i$ 与 $u_j$ 具有同等重要性；3 表示 $u_i$ 比 $u_j$ 稍微重要；5 表示 $u_i$ 比 $u_j$ 明显重要；7 表示 $u_i$ 比 $u_j$ 强烈重要；9 表示 $u_i$ 比 $u_j$ 极端重要。

**表 8-5　相对重要性判断矩阵**

| 元素 | $u_1$ | $u_2$ | … | $u_n$ |
|---|---|---|---|---|
| $u_1$ | $a_{11}$ | $a_{12}$ | … | $a_{1n}$ |
| $u_2$ | $a_{21}$ | $a_{22}$ | … | $a_{2n}$ |
| ⋮ | ⋮ | ⋮ | | ⋮ |
| $u_n$ | $a_{n1}$ | $a_{n2}$ | … | $a_{nn}$ |

2，4，6，8 介于上述两个相邻判断尺度之间。反之，当 $u_j$ 比 $u_i$ 重要时，$a_{ij}$ 取上述相对重要性标度的倒数。因此，在相对重要性判断矩阵中有 $a_{ij}=1/a_{ji}$，且 $a_{ii}=1$。

最终权重的确定也有多种方法，此处采用特征根法。记 $n$ 为判断矩阵 $P$ 的阶次，$\lambda_{\max}$ 为 $P$ 的最大特征根，$\omega$ 为 $\lambda_{\max}$ 所对应的特征向量，则将 $\omega$ 进行正则化处理后就得到在准则 $U_k$（上层元素）下各 $U_{k+1}$ 元素的权重向量 $\bar{\omega}$。

由于判断矩阵 $P$ 是通过专家评分给出的，可能存在着对各元素相对重要性的判断不满足一致性的情况，因此需要校验判断矩阵 $P$ 的一致性是否满足要求。校验通常采用随机一致性比率 CR：

$$\mathrm{CI}=(\lambda_{\max}-n)/(n-1) \tag{8-25}$$

$$\mathrm{CR}=\mathrm{CI}/\mathrm{RI} \tag{8-26}$$

其中，CR 为判断矩阵的随机一致性比率；CI 为判断矩阵的一般一致性指标；RI 为平均一致性指标，RI 的值见表 8-6。

**表 8-6　RI 值**

| 矩阵阶次 | 3 | 4 | 5 | 6 | 7 | 8 |
|---|---|---|---|---|---|---|
| RI 值 | 0.514 9 | 0.893 1 | 1.118 5 | 1.249 4 | 1.345 0 | 14.422 |
| 矩阵阶次 | 9 | 10 | 11 | 12 | 13 | 14 |
| RI 值 | 1.461 6 | 1.487 4 | 1.515 6 | 1.540 5 | 1.558 3 | 1.577 9 |

如果 CR<0.1，表明判断矩阵具有可接受的一致性，从而证明各元素相对重

要性及权重分配是合理的；否则，即判断矩阵偏离一致性程度过大而需进一步调整。

3. 计算各层元素的组合权重

为了得到层次结构中每一层次，特别是最低层次各元素在最终评价结果下的相对权重，即危机属性评价指标对总评价目标的权重，依据层次结构计算组合权重。记$U_{k-1}$层的第$i$个元素为$U_{k-1}^i$，$U_k$层的第$i$个元素为$U_k^i$，在准则$U_{k-1}^i$下$U_k$层各元素的相对权重记为$\omega_{k-1}^i$，在准则$U_k^i$下$U_{k+1}$层各元素的相对权重记为$\omega_k^i$，$U_k^i$层元素的个数为$m_k$，则在准则$U_{k-1}^i$下$U_{k+1}$层各元素的相对权重$\omega_{k-1}^i(k+1)$为（各权重向量均为列向量）

$$\omega_{k-1}^i(k+1) = (\omega_k^1, \omega_k^2, \cdots, \omega_k^{m_k})\,\omega_{k-1}^i \tag{8-27}$$

由于在本例中层次结构仅有两层，其计算过程就比较简单。记第一层（最终评价结果）下第$i$个第二层（利益相关者层）元素的相对重要权值为$\theta^i$，在第$i$个第二层元素下第$j$个第三层（危机属性层）元素的相对重要权值为$\rho_i^j$，则在最终评价结果下第$j$个第三层元素的相对重要权值为$\lambda^j$为

$$\lambda^j = \sum_i \theta^i \rho_i^j \tag{8-28}$$

4. 多主体评价权重确定

前文给出了利用层次分析法由单个专家确定各危机属性指标相对权重的方法。当请多位专家对权重进行确定时，他们所给出的答案必然是不同的，必须采用一定的群决策方法对这些权重进行集结。常用的群决策方法有经典群决策法、理想决策者法、IHGMOA 法。本文采用邱菀华提出的群决策特征根法，它是理想决策者法的一种[163]。

设有$m$个评价者，第$i$个评价者给出的权重向量为$\omega_i = (w_{i,1}, w_{i,2}, \cdots, w_{i,9})^{\mathrm{T}}$。将所有的权重向量组成决策矩阵$W$：

$$W = (\omega_1, \omega_2, \cdots, \omega_9) = \begin{pmatrix} w_{1,1} & w_{1,2} & \cdots & w_{1,9} \\ w_{2,1} & w_{2,2} & \cdots & w_{2.,9} \\ \vdots & \vdots & & \vdots \\ w_{9,1} & w_{9,2} & \cdots & w_{9,9} \end{pmatrix} \tag{8-29}$$

理想决策者法假定存在着一位理想决策者，他的打分是最公正的，他给出的权重向量能够为全体决策者所接受。邱菀华提出的特征根法认为理想向量具有如下特点：理想向量$\omega = (\omega_1, \omega_2, \cdots, \omega_9)^{\mathrm{T}}$与所有$\omega_i$的夹角和为最小。邱菀华据此给出了求解理想向量的途径，就是求解带约束的优化问题：

$$\max\ f = \sum_{i=1}^{9} \omega \omega_{i}^{\mathrm{T}} \tag{8-30}$$
$$\text{s.t.} \quad \|\omega\|_2 = 1$$

可以证明，式（8-30）的解就是矩阵 $F = W^{\mathrm{T}} W$ 的最大特征值所对应的特征根。应用特征根法就可以对多名专家的意见进行集结，得到公正的权重向量。

## 8.5.3 模糊综合评价

1. 确定评语

依据企业网络危机对企业经营过程产生影响的实际情况，确定评语为“重大影响”、“较大影响”、“中等影响”、“较小影响”和“很小影响”。建立评语集为 $V = \{v_1, v_2, v_3, v_4, v_5\}$。其中，$v_1$ 表示重大影响；$v_2$ 表示较大影响；$v_3$ 表示中等影响；$v_4$ 表示较小影响；$v_5$ 表示很小影响。

2. 单因素评价

在确定完评语和权重后，需要分别判断单个因素评价最终对企业经营过程的影响。评价时可以首先选择一个评价指标和评价对象，请多名专家对当前企业危机中该指标的实际状况及因此可能对企业经营过程产生的影响程度做出判断。依据专家的评语并进行归一化就可以得到该因素的影响向量 $r_i = (r_{i1}, r_{i2}, r_{i3}, r_{i4}, r_{i5})$。$r_{i1}, r_{i2}, r_{i3}, r_{i4}, r_{i5}$ 分别表示第 $i$ 个危机属性指标对经营过程的影响属于重大、较大、中等、较小和很小的隶属度。

将所有因素组合起来就得到评价矩阵 $R$：

$$R = \begin{pmatrix} r_{1,1} & r_{1,2} & \cdots & w_{1,5} \\ r_{2,1} & r_{2,2} & \cdots & w_{2,5} \\ \vdots & \vdots & & \vdots \\ r_{9,1} & r_{9,2} & \cdots & w_{9,5} \end{pmatrix} \tag{8-31}$$

3. 综合评价

分别将权重向量 $\omega$ 和评价矩阵进行复合运算就可以得到最终的综合评价结果：

$$B = \omega \cdot R \tag{8-32}$$

为综合考虑多方面因素，可以采用加权平均型综合评价，即复合运算为普通矩阵相乘运算。

仅仅依据综合评价向量 $B$ 还不能直接做出最终评语，特别是当评价向量中两个评语分值比较接近时。此时可用区间最大值法将评价结果转换为综合得分。首先对$B$进行正则化处理，并取分数区间为：重大影响，80~100 分；较大影响，60~80 分；中等影响，40~60 分；较小影响，20~40 分；很小影响，0~20 分。

区间最大值矩阵为

$$M = \begin{pmatrix} 100 \\ 80 \\ 60 \\ 40 \\ 20 \end{pmatrix} \tag{8-33}$$

危机影响的最终综合得分为

$$f = B \cdot M \tag{8-34}$$

依据最终得分所在的分数区间就可以得出对危机影响的最终评语。

# 9　网络环境下的企业危机预警决策

## 9.1　企业网络危机决策的影响因素

### 9.1.1　企业网络危机的利益相关者

企业网络危机可能影响到的利益相关者主要包括顾客、供应商、经销商、员工、股东、竞争对手、普通受众（网民）、政府主管部门。

顾客和作为潜在顾客的普通受众（网民）一般比较重视企业的质量危机、服务危机和安全危机。企业危机会对顾客和普通受众（网民）的商品感知质量（perceived quality）、购买可能性（purchase likelihood）和品牌向往（brand desire）产生负面影响，因而会降低企业的品牌资产和销售量。通常来说，大多数顾客和普通受众（网民）缺乏鉴别网络信息真实性的能力，也缺乏鉴别网络信息真实性的意识。因此，他们通常对信息真实性要求不高，即具有较低真实性的信息也能对他们的认知产生较大的影响。顾客消费心理的改变将对企业的经营过程产生较大的影响。处于同样情况的还有关联性、时效性和完整性。例如，即使是关于整个行业产品质量的危机，但如果其中提到了某企业的名称（即关联性较低），会有许多顾客和普通受众（网民）认为仅该企业的产品质量有问题或该企业的产品质量问题最大、最突出。这些因素仅取较小值时就可能对企业经营过程产生较大的负面影响，称为高影响力因素。相反，权威性、关注度、危害性、失真度和广知性是顾客和普通受众（网民）的低影响力因素，只有当这些因素取较高的值时，才能对顾客和普通受众（网民）的认知及企业的经营过程产生较大的影响。由于关系到切身利益，各个因素对顾客产生的影响都较大，而对普通受众（网民）产生的影响将较小。

供应商更多地关注企业的销售危机、财务危机与质量危机。销售危机将会影响到供应商产品的销量，财务危机关系到供应商的应收账款能否收回，质量危机可能连带使供应商产品的感知质量和品牌价值受到负面影响。这些危机可能影响供应商的供货行为并催要账款。对供应商来说，企业网络危机的真实性、关联性、权威性、失真度、完整性、时效性属于低影响力因素，而关注度、危害性、广知性属于高影响力因素。

经销商关心所代理的产品的销量，因而更关注企业销售危机、质量危机、服务危机和产品安全危机。这些危机可能会影响到经销商的销售额，可能会使经销商降低对产品的推广力度，甚至转而代理竞争对手的产品，使企业的销售能力受到影响。由于经销商与顾客的密切关系，凡对顾客造成高影响的因素对经销商也构成高影响。同时，由于担心未来顾客的流失而给销售造成的不确定性，危机关注度和广知性也会对经销商产生显著影响。因此，企业网络危机的真实性、完整性、时效性、关联性、关注度、危害性、广知性是经销商的高影响力因素，而权威性和失真度则属于低影响力因素。

对员工和股东来说，由于和企业利益关系十分密切，各种危机都可能对他们造成重要影响。

员工关注个人未来的发展情况，也因此关心企业未来的发展情况。企业网络危机带来的企业发展的不确定性会影响到员工的工作积极性，使企业的各项工作更难开展。作为内部人员，员工有能力鉴别信息的真实性，因此真实性较低的危机信息对员工认知的影响较低。员工更关注本企业的危机，因而能够排除关联性较低的信息。与真实性和关联性类似，权威性、失真度、完整性、时效性也是员工的低影响力因素。由于利益的密切相关，关注度、危害性、广知性构成了员工的高影响力因素。

企业网络危机对股东的影响要依据具体情况而定。未掌握企业运营管理权的股东通常对管理层存在一定的怀疑，易于相信任何负面的消息，同时也不了解企业内部的真实情况，这使真实性成为其高影响力因素。而掌握企业运营管理权的股东则正好相反，真实性是其低影响力因素。失真度的情况与真实性类似。其他因素对股东的影响与对员工的影响有相似之处，即权威性、完整性、时效性是股东的低影响力因素，而关注度、危害性、广知性是股东的高影响力因素。

竞争对手可能趁企业危机之际展开针对性的市场推广活动，从而抢占危机企业的市场份额。由于利益的负相关，当危机对竞争对手产生较大影响时，反而对企业经营过程影响较小。以关联性为例，当企业危机关联性较低时，同样的问题也存在于竞争对手，竞争对手不会展开针对性的市场推广活动，因而对危机企业经营过程的影响较小。当企业危机关联性较高时，被质疑的问题是危机企业的个体现象，竞争对手将会大力展开针对性的市场推广活动，因而对危机企业经营过程的影响较大。因此，关联性是竞争对手的低影响力因素。同样地还有真实性和权威性。而关注度、危害性、失真度、完整性、时效性、广知性则是竞争对手的高影响力因素。

维持市场秩序，保证市场交易符合现行法律及人民群众的要求是政府的责任。因此，政府更关注企业的质量危机及安全危机。政府通过颁布或执行市场管制措施来约束企业的经营过程。政府行为必须建立在对事实的认定上，因此真实性是政府的极低影响因素。关联性则是政府的高影响力因素。当企业危机关联性较低时，被质疑的问题是行业普遍现象，对公众利益影响较大，政府将更可能出台或执行较严格的管制措施，结果是对企业经营过程的影响较大。而当企业危机关联性较高时，被质疑的问题是危机企业的个体现象，政府也会采取一定管制措施，由于此时措施仅针对危机企业而不针对竞争对手，对危机企业经营过程的影响也较大。类似的分析可以得出，关注度、危害性和广知性是政府的高影响力因素，而权威性、失真度、完整性和时效性则是政府的低影响力因素。

## 9.1.2　网络危机中利益相关者的心理与行为分析

1. 危机中利益相关者的信息需求分析

在网络时代，企业的危机传播弥漫了危机的整个生命周期阶段，并在危机爆发的那一点开始，相关传播迅速达到顶峰。通过互联网络，利益相关者可以随时随地获取危机的相关信息，参与到危机传播当中。一方面，表现为利益相关者作为受众获取危机传播信息；另一方面，表现为利益相关者作为传播者对危机传播的参与与助传。利益相关者作为受众，获取危机信息的选择程度更强，这是利益相关者参与危机传播的基础，也是利益相关者向传播者转变的前提。网络环境下，利益相关者一是把网络作为企业危机新信息的获取源头，通过定期或不定期的站点登录、网络搜寻、固定使用一些较为权威的网络公信媒体，获得企业的危机新信息；其二是在非网络渠道或陌生的、信任度不高的网络渠道已经了解了一些危机信息，但不够全面，不够完整，或不够权威，需要通过网络来进一步查清证实，需要通过网页搜寻、论坛阅读、意见征集和 BBS 研讨参与来进一步延伸和扩展对危机事件、信息或知识的认知[164~166]。

利益相关者作为危机传播者，在危机信息获取的基础上，参与或主导意见发布、意见冲突等新的危机传播。这种危机传播包含了从完全同意到完全反对之间的所有可能，既有新闻信息的转帖，也有意见的发表和意见冲突的参与。参与者根据不同的利益、见解，发言互动，并呈现出互为主体、反权威、匿名性、互动性、异质性等特点。同时，因为危机事态的急速发展与反复变化，其态度与意见往往也容易迅速变身转向，并在传播中予以充分体现。

任何时候任何环境下，任何利益相关者都毫无例外具有一定的信息意识。不同的是，利益相关者中的信息意识彼此差别很大，即使是同一个体公众，在不同时期，信息意识状态也有所不同[167]。但当遭遇外界强刺激时，利益相关者便会产生新的信息需求或原有不太明显的信息需求突然明朗化，并随着刺激强度的增大，信息需求就越显迫切。当危机迅速爆发时，利益相关者受到强烈的刺激和震动，紧张和恐慌的同时，急需了解真相和危机的应对策略，以求刺激的缓解和紧张压力的释放。危机中利益相关者的信息需求心理发展模型，如图 9-1 所示。

图 9-1　危机中利益相关者的信息需求心理发展模型

但是，不同的利益相关者对危机的刺激感知程度、信息意识及知识结构等方面的差别，使危机信息需求处于不同的认识状态，其中部分需求可能是潜在的。对于已经认识到的危机信息需求，利益相关者将首先做出反应[168]，通过积极的危机信息寻求来满足该类信息需求；对于潜在的暂不太明朗的危机信息需求，利益相关者也将在外界作用下加以转化，表现出某种行为倾向。在危机的发展运动中，利益相关者的一切信息行为都处于适应危机事态发展的信息环境的自我控制之中，并力图使危机导致的压力与紧张得到缓解，信息行为得到优化。

韦尔曾经效仿马斯洛（Abraham Maslow）用需求等级结构来分析人们的信息需求。以马斯洛的理论为借鉴，韦尔提出了一幅信息寻求行为等级图（hierarchy of information—seeking behavior）。韦尔认为，一个人在等级中的位置决定着他的信息寻求行为，而且只有在一个层次的信息需求得到满足之后，人们才会致力于获取更高层次的信息，只有当低层次的需求暂时得到满足，个人才会短期内向更高层次往返。当指向人们的某些信息在某些个人自己的需求等级位置看来无关紧要时，知识鸿沟就出现了，即知识差距[168]。在危机事件及其传播运动中，公众对危机事件及其危害的认识，对危机传播信息的辨识能力，也是随着危机事件的不断发展，在不断的信息寻求、学习中得到经验积累，随着对危机认识的不断提高，信息的需求层次不断上升，信息的寻求会进一步优化，公众获取信息的评估会越来越理性客观。

### 2. 危机中利益公众的信息涉入分析

德弗勒的“影响不一理论”认为，在传播中，有些人直接接触到信息并选择那些与他们的心理成分相符合的内容，即个人差异论；另一些人注意媒介，并以本类型人们的典型方式受其影响，即社会类型论；还有一些人是通过别人的解释而接受过滤后的信息，因此所受的媒介影响即意见领袖的影响[169]，即社会关系论。

1947 年美国学者塞利弗（Sherif）和肯切尔（Cantril）在研究社会判断理论时提出了涉入理论，该社会判断理论认为：一个人对某一事件的自我涉入程度越深，则其接受相反意见的余地就越小，此为反比效应；相反，对于与自己相同的意见，自我涉入程度深的人不但乐于接受，而且还会予以支持，此为同比效应。当时，塞利弗和肯切尔将自我涉入定义为一个人因其地位或角色的限制而对于相反意见的态度，它是一个人对别人意见做出反应的前提条件。

经研究发现，网络公众危机信息传播涉入程度的高低主要取决于网络公众个人因素、危机信息因素和情境因素所交织形成的特定状态。网络公众个人因素包括个体价值观、自我意识、兴趣爱好、文化程度、职业、社会阶层、收入水平、性别、年龄、信息搜寻能力等先天与后天、心理与生理等因素，它们对于个人就不同危机事件的关切程度起决定作用；危机信息因素是指危机信息的内容、质量、效用价值、相关性、时效性、准确性、完整性、社会象征性等因素，个人对某条危机信息的关切程度取决于这些因素；情境因素是指某一特定的时间与环境对公众的行为或心理带来影响的因素，如身处的虚拟交流环境、所置身的社会背景环境、所处的社会阶层等都会影响置身其中的公众个体对周围事物的关切程度。危机中利益公众的信息涉入结构框架如图 9-2 所示。

危机信息搜寻涉入是指对危机信息所给予的关心程度和接触时的心理状态，从视而不见到高度关注；企业组织涉入是指对危机事态及其组织的关注程度及个人的主观认识，从漠不关心到全情投入；行为决策涉入是指信息受众公众所确立的因危机而起的行动原则和行动内容，包括受危机影响而对自己与企业组织关系与行为的调适，运用网络交流与传播工具及网下传播与交流手段对其他公众与组织的信息涉入的影响与行为干预。在企业危机中，各利益公众的信息涉入具体表现如下，其中利益公众对企业的信任与支持、忠诚是企业期盼和努力的终极目标方向。

（1）危机信息的学习。Krugman 认为电视广告信息与个人涉入题材关联不大时，观众则处于低涉入度状态，在危机传播中，如果危机事件及其危机传播信息与危机公众受众个人涉入题材关联不大则受众也处于低涉入度状态。

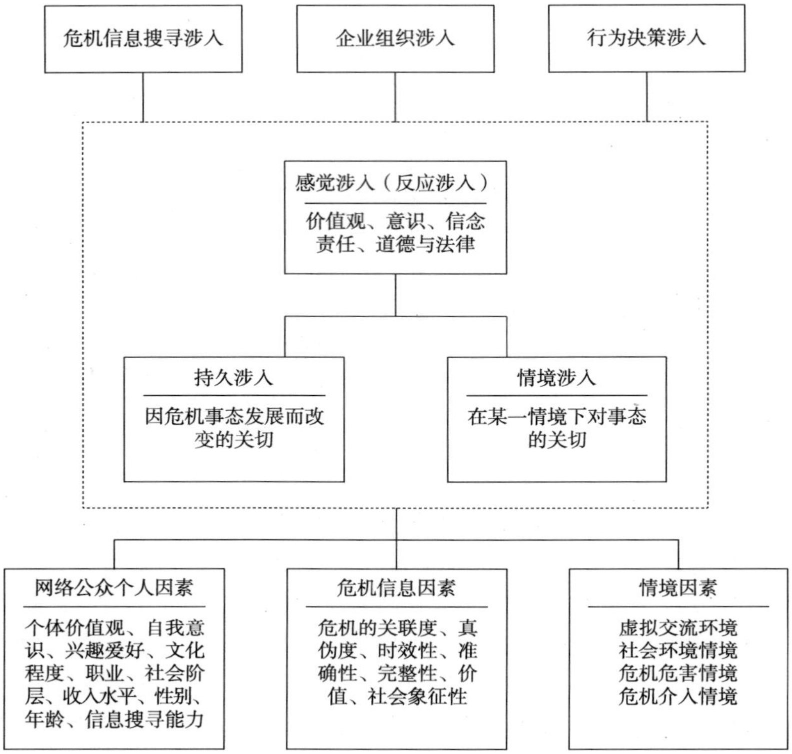


图 9-2　危机中利益公众的信息涉入结构框架

（2）危机信息的收集。信息的收集是良好决策的前提。但是，危机信息的收集可能要花费一定的时间、精力与费用，公众收集危机相关信息的行为取决于收集行为带来的预期收益和成本支出。因此，高涉入度的公众会积极地寻求最新、最权威的危机相关信息，如在诸多网站之间进行校验，在网上和网下进行对比，最大限度地获取完整、及时、客观、充分的最有价值的危机信息，而低度涉入的公众通常处于被动的受众地位，随意捕捉，被动接受，似乎事不关己高高挂起。

（3）危机认知的反应（危机意见冲突）。公众对危机事件涉入程度的高低会使公众受众对危机事件及其报道、处理产生不同的认知反应，高涉入者对与自己信念、价值、责任、意识不一致的危机事件及其报道与处理在认知上会有所排斥甚至反驳对抗，而低涉入者则极少反驳或对抗，对该信息传播也少有关注，极少驻留。

（4）对危机事件态度的改变。公众对企业组织的态度并非一成不变，涉入程度的不同会使公众态度的改变过程、改变周期和改变结果差别极大。低度涉入的公众态度转变较快，态度的维持时间也较短，当危机获得解除，该类公众容易迅速接纳企业组织，有利于企业与公众的关系早日回归正常化；但是，对于高度涉入者，其态度形成的周期较长，而且一旦形成，要促成其改变，必须给予良好的逻辑论证、强有力的证据说明和足够充裕的时间，然后等待他们可能出现的态度转变。

（5）对企业的态度。除了对自身的行为关注外，网络公众对企业的态度还表现在作为网络传播者的角色上，对高度涉入者来说，对企业的态度一旦发生了改变，他会积极地影响其他公众，通过网络传播手段，在网络上发布资料来告知他们自己所掌握的最新、最权威的实际情况，这些有利于企业进一步妥善处理危机。而低度涉入者止于自己，少有争论，也少有说服别人的传播行为。

（6）信任与支持。如同消费行为模式中的低度涉入者会选择和运用简单的选择策略，由于低度涉入者其追求的既非最大利益，也非最佳选择，因为最佳选择的利益获得未必能补偿其选择中耗费和支付的施加、精力和金钱成本。而高涉入者往往追求最佳购买或最低风险选择。在危机事件中，低度涉入者也是顾虑利益与成本的补偿意义，而高度涉入者除了通过危机信息的广泛寻求、筛选、评估和学习实现最佳选择，另外还有传播与交流中意见领袖与追求真理过程与结果的精神享受，自然也乐在其中。

（7）忠诚。利益公众一旦高度涉入危机传播，并且获得了连续、积极而正面的信息刺激，对企业的认识和判别会逐步呈现不同程度的螺旋上升，由了解向认同、支持、信任发展，最终成为企业的忠诚信徒，忠诚是信任关系的基础，在企业未来的发展中忠诚会带来公众长久的支持和信任。

## 9.2 企业网络危机预警决策的多目标层次

企业与环境的关系状态可区分为危机状态、失衡状态、正常状态与和谐状态四类。日趋激烈的竞争，复杂的网络传播，诸多不确定性，网络环境下企业的危机预警不再仅仅局限于要求解决某一单一层面的危机管理功能问题，而是时时需要着眼于多层次的系统化目标，注重多层次复合型的系统目标的实现，即要求企业危机预警评价决策及其后续的危机管理着眼点不仅仅是企业危机的一时解除和妥善处理，企业形象与声誉的修复与恢复，还要审时度势，有机地矫正和弥合失衡，不断地巩固和优化常态，着眼于企业经营内外环境的战略和谐局面的构建与积极推进。企业危机预警的多目标层次结构及发展模型如图 9-3 所示。

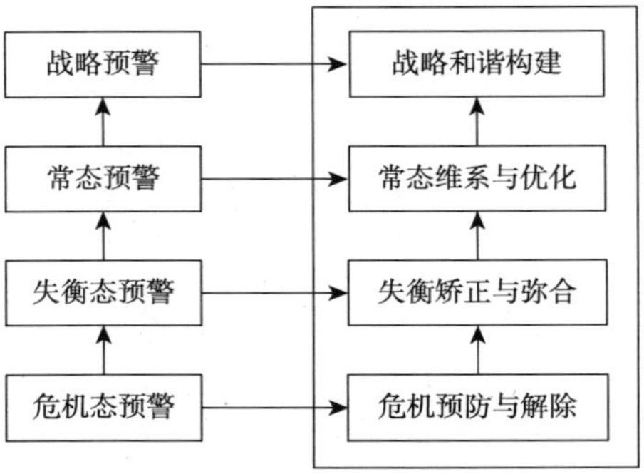


图 9-3　企业危机预警的多目标层次结构及发展模型

1. 危机预防与解除

对企业而言，危机是企业短期内最大的敌人，及时预防、快速有效消除和化解危机是首要要责。危机预警重在企业危机爆发前，及时精准地将可能的危机警情予以播报发布，并针对危机的突发性和巨大破坏性，提早介入并合理投入必要的人力、物力、财力和一切预防和应急治理资源，及时开展有效的紧急应对，化解和排除危机险情，保护各利益公众主体的利益，甚至在危险中发掘和把握企业新的发展机遇。

2. 失衡矫正与弥合

消除或改善双向或多向度关系平衡中的破坏因素，矫正失衡的关系状态，进一步优化和巩固新的平衡关系。在企业生存和发展的环境圈层中，无论是宏观环境、中观环境还是微观环境，环境要素时刻都处于不断的发展变化之中，有的环境要素趋向有利于企业的方向发展，有的环境要素趋向不利于企业的方向发展。这些环境要素的发展和变化，不断打破和改变着企业不同层次环境的平衡状态，一些急剧的恶性打破和改变，往往以危机的形式显露和释放出来，更多的则是潜伏起来，继续酝酿和进行能量蓄积，伺机爆发。对于企业而言，这些潜伏的不确定因子更为可怕，它实质上已经打破了组织生存的某种平衡，只不过表象未显露而已，对这一类不确定因子的载体公众侧重于运用有效的公共关系手段，消除其不平衡导致的恶性，从策略上化解恶变趋势，并向良性方向引导，优化其与企业的关系，培养积极的公共关系。战术公关的核心目标是要从策略层面化解可能会在某时危害企业的某种危机因素因子，积极干扰和预防该类因素因子的恶变，积极修正恶性因素因子，有效引导中性因素因子，巩固良性因素因子，实现组织与之关系的失衡矫正和策略优化。

3. 常态维系与优化

与各利益相关者的关系状态在企业的经营和发展过程中必须有步骤、有计划、稳步地推进，并通过创新和增值扩展，热诚维系、巩固并不断优化新老关系。

4. 战略和谐构建

企业战略性预警的视野则是从更长远的战略角度出发，考虑企业经营环境中的战略性生存和发展，未雨绸缪，着眼于企业经营发展的战略关键点和战略利益相关群体，致力于企业与现在和未来的经营环境和生存空间状态的长久和谐，也即战略性和谐，并基于战略和谐条件培育优势品牌，建设企业诚信、良好声誉及社会形象，构筑企业的战略性软竞争力。

企业战略性危机预警不仅要预防危机，解除危机，消除影响，修复受损的形象与声誉，恢复甚至超出原始的声誉与形象状态，矫正与弥合失衡状态，更要从中寻找机会，通过常规关系的维系、巩固与优化，通过基于企业社会责任承担和客户价值体系的不断创新，最终实现企业与环境圈层的长久和谐，为企业的长远生存和长久发展奠定基础。可以说，企业危机预警及其管理的目标是一种从低级到高级的层层递进关系，如图 9-4 所示。

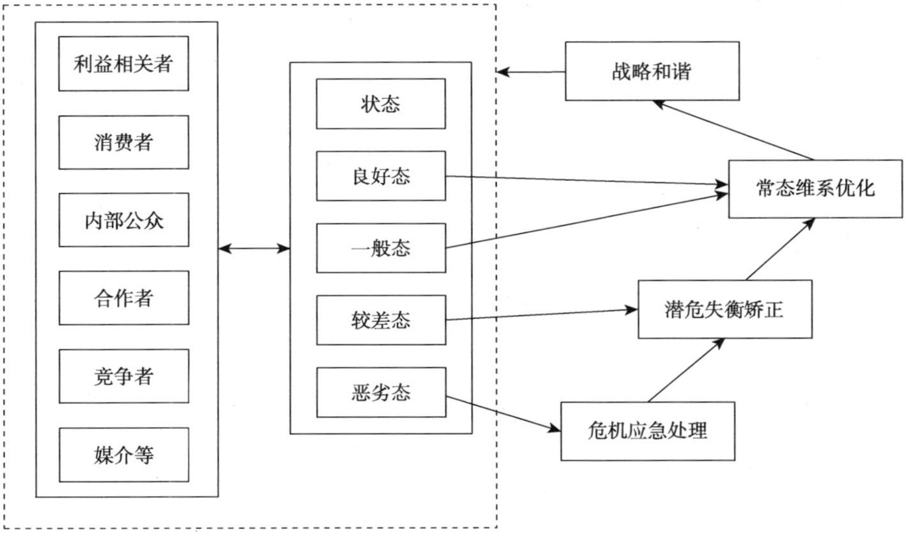


图 9-4　危机管理多目标层次递进结构

# 9.3　企业网络危机预警决策模型设计

基于前文关于危机管理与预警理论、网络环境下危机预警系统的构建、基于智能元搜索的企业危机监测模型研究、基于二评预警原理的企业危机评价模型研究的分析，我们可以构建出基于三大层次、四大系统的企业网络危机预警决策模型。三大层次包括数据采集与存储层、数据分析层和预警决策层，四大系统包括元搜索引擎信息采集系统、监测信息数据库系统、多专家主体集群决策支持系统、定标比超数据库支持系统，最终实现危机预警决策和危机管理目标。具体模型见图 9-5。

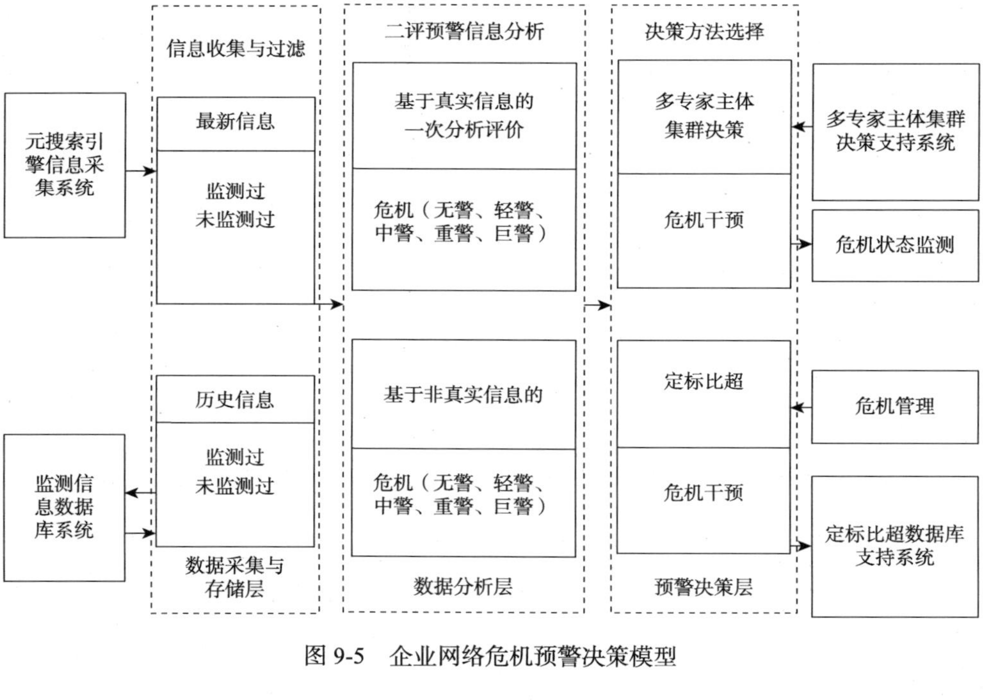


图 9-5　企业网络危机预警决策模型

从模型中可以看出，数据采集与存储层作为企业网络危机预警决策的基础和前提，以元搜索引擎信息采集系统和监测信息数据库系统为基础，主要功能是危机信息的收集与过滤，存储的信息包括最新信息和历史信息。

数据分析层主要采用基于二评预警原理的企业危机评价模型，对采集的信息进行分析，挖掘出采集的信息中所蕴含的潜在信息与对应的信息价值，预测未来可能出现的危机的程度，分为无警、轻警、中警、重警、巨警，这是对企业可能面临的危机的一个预判。

预警决策层，根据数据分析层的预判结果，采用多专家主体集群决策和定标比超决策方法，对企业危机状态进行监测，也是实施危机干预与管理的依据。这两种方法可以单独使用，也可以综合使用。网络环境下，企业面临的经营环境更为复杂，综合运用可能效果更佳。在预警决策层，需要构建多专家主体集群决策支持系统和定标比超数据库支持系统，前者主要用于决策指标的分析与维护，后者主要用于定标比超的对象与相关指标的监测。在两大系统中，应该有对应的指标体系，能够根据数据分析层挖掘出来的信息，对指标体系进行不断优化与调整，以更适合决策需要。随着采集和存储的相关信息越来越多，系统指标体系也会越来越完善，后期可以进一步实现基于人工干预的自主决策指标体系的优化和调整。

## 9.4　基于定标比超方法的企业网络危机决策优化

### 9.4.1　企业危机决策优化的必要性与策略基础

企业危机预警的目标是实现危机的预防预控和及时有效的治理，但危机预警的目标不只是这些，既要能有效预防、及时解除和妥善处理危机，同时还必须在此基础上，实现失衡矫正与弥合、常规关系的巩固和良性发展，共同推进企业内外环境的和谐发展进程。同时，危机决策往往是在时间紧迫、压力超常的条件下做出的，不可避免地会出现缺陷和不足，其决策需要进行一定的调整和优化。

危机预警决策优化的策略基础：基于价值与比较优势，即围绕危机当事主体发掘和构建价值关怀，针对竞争者营造类似危机处理与应对的比较优势，以及针对企业经营历史类似危机事件处理的不断自我超越和提升。危机决策必须能有效满足相关利益群体在危机中可能表现出来的核心价值需求，以有效协调利益和解决冲突。同时在行业的类似危机中，对同质危机事件的决策和处理与竞争者或历史类似决策相比较存在比较明显的优势。这一原型策略可以通过定标比超方法的运用结合危机决策预案策略库的建设予以很好地解决。

危机预警决策优化的出发点主要是危机利益相关主体的价值保护与个性关照、相对于竞争对手在同类事件处理上的超越及企业经营的不断自我超越。这些无论是满足利益相关者的不同价值需求还是针对竞争和针对历史自我的超越，必须有一面镜子或树立一组标杆作为决策的导向和具体的操作基准。

### 9.4.2　基于定标比超方法的危机决策优化策略模型

定标比超是不断发现企业内外、行业内外的最佳理念或实践，将本企业的产品、服务或其他业务活动过程与本企业的最佳部门、竞争对手或者行业内外的一流企业进行对照分析的过程，是一种评价自身企业和研究其他组织的手段，是将企业内部或者外部企业的最佳做法作为自身企业的内部发展目标，并应用于自身企业实践的一种做法[170]，也称为基准管理、标高超越、立杆比超等。1979 年定标比超方法诞生于施乐公司，并为其在商业上带来了巨大成功。现在，越来越多的企业纷纷开展形式多样的定标比超活动，无论是声名显赫的大企业，还是产品竞争力较弱的中小企业，都将定标比超作为自己企业决策的一项重要手段，努力提高企业生产效率和产品质量，通过企业管理水平和客户满意度的提升来增强企业自身的竞争优势。

将定标比超方法运用于危机预警实践和危机管理就是运用情报手段，将本企业的危机预警及其危机管理活动过程与本企业的杰出部门、优胜的竞争对手或者行业内外的一流企业的危机预警及其危机管理相关职能对照分析，提炼出危机预警价值预案或方法，从而改进本企业的危机预警及其危机管理状况。在企业危机预警及其危机管理上开展的定标比超活动作为企业战胜危机，在危机中赢得超越竞争对手的比较优势，赢得危机预警战略和战术层面上的指导，促进企业的健康发展；同时，由于定标比超的良好作用，将定标比超方法引入企业的危机预警决策活动，将大大提高企业的危机预警决策及其预案选择水平，提高企业的危机防治能力与水平。

危机预警优化可以通过定标比超方法的运用结合危机决策预案策略库的建设予以很好地解决。基于定标比超方法的危机预警决策优化策略模型如图 9-6 所示。通过定标比超方法，建立并不断完善危机预警案例库、危机预警知识库、危机预警预案库，围绕危机中的利益相关主体、竞争者及企业自身，建立危机决策优化标杆系统。从图 9-6 中可以看出，建立定标比超知识库将是这一方法应用并发挥作用的关键。

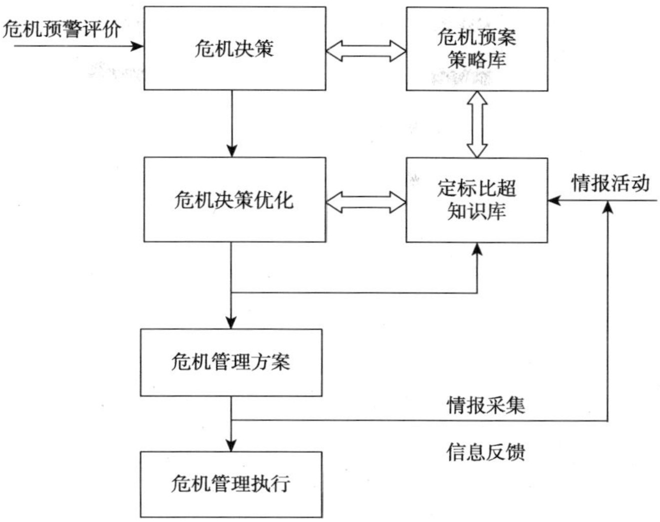


图 9-6　基于定标比超方法的危机预警决策优化策略模型

## 9.4.3　危机决策中定标比超的具体内容

根据危机预警中定标比超的重点，将企业危机预警中的定标比超分为危机预警决策预案定标比超、危机预警过程定标比超、危机预警管理定标比超、危机预警战略定标比超四种[170]。

1. 危机预警决策预案定标比超

这种定标比超的重点是危机预警决策预案，它首先确定以竞争对手或相关企业的某种危机预警决策预案作为基准，其次，进行解剖、分析、研究，找出自己所不具备的优点。通过这种对危机预警决策预案的反求工程，不仅可以对原危机预警决策预案进行仿制或在原有的基础上加以改进，还可以估算出竞争对手的危机预警决策预案成本和危机预警决策预案效用。与自己的危机预警决策预案进行比较，可以估计出不同设计方案在现在和将来的优点和不足。危机预警决策预案定标比超能更好地在企业危机的相关利益群体的冲突解决和价值满足上获得优于竞争者危机的解决方案。

2. 危机预警过程定标比超

通过对危机预警过程的比较，发现领先企业在某领域的危机预警上取得优秀绩效的关键因素，如在某个领域内独特的运行过程、管理方法和诀窍等，学习模仿、改进融合使企业在该领域赶上或超过竞争对手的危机预警。营销危机预警的定标比超、生产管理危机预警的定标比超、人力资源危机预警的定标比超、仓储与运输危机预警的定标比超等均属此类。危机预警过程定标比超比危机预警决策预案定标比超更深入、更复杂。要企业重新设计并应用危机预警过程，是一件不太容易的事情，而且由于企业文化、员工情绪等的影响，危机预警过程定标比超的实施并不是可以轻而易举完成的事情。因此，在进行过程定标比超之前，一定要充分考虑到各种制约因素，以保证最后结果的有效实施。

3. 危机预警管理定标比超

通过对领先企业的危机预警管理系统和管理绩效进行对比衡量，发现它们危机预警成功的关键因素，进而学习赶超。这种定标比超超越了过程或职能，扩展到了整个危机预警管理工作，涉及企业不同层次、不同职能部门的员工运作、决策、执行等各个细节执行的标准化和致危因子。

4. 危机预警战略定标比超

这种定标比超比较的是本企业与基准企业在危机预警方面的战略意图，分析确定危机管理中企业成功的关键战略要素及战略管理的成功经验，为企业高层管理者正确制定和实施战略提供服务。这种定标比超的优点在于开始就注意到要达到的目的，而危机预警过程定标比超和危机预警管理定标比超是先比较各种“手段”，再确定哪个能更好地达到某种危机预警目的。

危机预警及其管理中的这四种定标比超各自具有不同的侧重点，能提供不同类型的情报。危机预警决策预案定标比超所提供的情报一般最为准确和具体，但情报的寿命也最短。危机预警战略定标比超却是另一个极端，它提供的情报属于战略性的，准确程度不是很高。

根据危机预警定标比超的对象不同又可以分为内部定标比超（internal benchmarking）和竞争定标比超（competitive benchmarking）。内部定标比超主要基于组织内部危机预警职能实现的系列绩效评估活动，其目的是找出组织内部危机预警的最佳作业典范，焦点是操作性的事务，通常是低层次的可重复的操作，缺乏战略高度。内部定标比超比较简单，由于属于同一个组织，在数据采集等过程中困难比较小。由于定标比超对象的配合，整个内部定标比超的实施比较顺利，所需要投入的人力、物力和财力及时间都相对较少。竞争定标比超指直接竞争组织之间的危机预警及其管理绩效评估和比较活动，竞争定标比超包括认定直接竞争对手的危机预警预案、过程、管理流程、管理模式、战略计划等。其目的是找出竞争对手危机预警的优势和特长，发现自己与竞争对手之间的差距并努力缩短这种差距。由于同行业中竞争者之间的危机发生领域相似，面临的市场机会相当，因此，竞争定标比超的可比性较强。在最佳绩效转移这一过程中比较简单，有的环节甚至不需要经过大的调整就可以直接应用于本企业。竞争定标比超可以使企业从竞争对手的危机预警及其管理中汲取教训。而且，由于这类定标比超直接针对竞争对手，所以较容易得到本企业高层领导的关注，这为定标比超的实施提供了重要的有利条件。但是，竞争定标比超的困难也正因为这类定标比超的对象是竞争对手，由于这种竞争关系，很难得到有用或是准确的情报。直接对立的竞争对手之间的比较之所以难以开展，是因为很多信息在商业上的敏感性。此外，在定标比超过程中，要争取竞争对手的配合与合作并非易事，除非竞争对手也有意进行同类型的定标比超研究。事实上，出于文化上的原因，竞争定标比超在欧美企业中较为流行，并且能收到良好的效果。例如，英国 Lucas Industries 鼓励使用定标比超的公司之间相互进行访问，Motorola 和通用电气公司则和定标比超的对象共享项目的结果。竞争定标比超项目通常由被信任的中立的第三方来执行，如高等院校、咨询机构等。

### 9.4.4 危机决策中定标比超的实现步骤

事实上，尽管不同的公司在实施定标比超时，所采用的步骤不同，但是他们的关键步骤是一样的，基本思路也是一样的，只是对步骤的划分及所用的描述语言有所不同而已。大多数的方法都是建立在施乐的方法之上的，而施乐的方法则被认为是进行定标比超工作的有效而通用的方法。定标比超是一个将自身的情况和本组织内部的最佳部门、竞争对手或者行业内外的最佳组织进行比较，并向它们学习，吸收它们的成功经验和做法的过程，以下结合国际定标比超交流中心的定标比超方法，设定危机预警定标比超实现步骤。

1. 规划阶段

（1）了解自身的情况，对自己需要研究的过程及定标比超过程本身都有一个深入的理解，确定定标比超的内容。这是定标比超的第一步。

（2）选择最理想的定标比超对象。

（3）搜集定标比超的数据。

2. 分析阶段

（1）确定目前的绩效差距。

（2）确定将来的绩效水平。根据差距分析，计划未来的执行水平，并确定这些目标应该如何获得及保持。

3. 综合阶段

（1）交流定标比超的成果。
（2）确立要实现的目标。
（3）根据最佳实践，针对自身组织的独特文化进行实施和调整。

4. 行动阶段

（1）形成行动计划。必须制订具体的行动计划。
（2）实施和监控行动计划。定标比超必须是一个调整的过程，必须制订特定的行动计划及进行结果监控以保证达到预定目标。
（3）重新定标比超。如果定标比超没有取得理想的效果，就应该重新检查以上步骤，找出具体的原因，再重新开展定标比超工作。

5. 成效显现阶段

定标比超小组提出一个最终报告，该报告揭示定标比超过程的关键收获，以及对知识转换的见解和建议。定标比超小组的成员深层次地讨论这些收获，相互之间进行必要的交流和沟通，并提出便于实施这些收获的方案。

# 参 考 文 献


[1] Kauffman J. Lost in space：a critique of NASA's crisis communications in the Columbia disaster[J]. Public Relations Review，2005，31（6）：263-275.

[2] 尼葛洛庞帝. 数字化生存[M]. 胡泳，范海燕译. 海口：海南出版社，1997.

[3] Hermann C F. International Crises：Insights from Behavioral Research[M]. New York：Free Press，1972.

[4] Fink S. Crisis Management：Planning for the Invisible[M]. New York：American Management Association，1986.

[5] Rosenthal U，Pijnenberg B. Simulation-oriented scenarios[C]//Rosenthal U，Pijnenberg B. Crisis Management and Decision Making：Simulation Oriented Scenarios. Kluwer，1991：1-6.

[6] Pauchant T，Mitroff I. Transforming the Crisis-prone Organization：Preventing Individual，Organization and Environmental Tragedies[M]. San Francisco：Jossey-bass，1992.

[7] Barton L. Crisis in Organizations：Managing and Communicating in the Heat of Chaos[M]. Cincinnati：South-Western Publishing，1993.

[8] Fearn-Banks K. Crisis Communications：A Casebook Approcah[M]. New York：Lawrance Erlbaun Associate，1996.

[9] Lerbinger O. The Crisis Manager：Facing Risk and Responsibillty[M]. Hillsdale：Lawrence Erlubaum Associates，1997.

[10] Pearson C M，Clair J A. Reframing crisis management[J]. Academy of Management Review，1998，23（1）：59-76.

[11] Seeger M，Sellnow T L，Vlmer R. Communication，organization and crisis[J]. Annals of the International Communication Association，1998，（21）：231-275.

[12] Heath R. A rhetorical enactment rationale for public relations：The good organization communicating well[C]//Heath R L. Handbook of Public Relations. London：Sage，2001：31-50.

[13] 干勤. 危机管理及其相关概念探析[J]. 商业研究，2001，（4）：138-141.

[14] 薛澜，张强，钟开斌. 危机管理：转型期中国面临的挑战[M]. 北京：清华大学出版社，2003.

[15] 刘刚. 危机管理[M]. 北京：中国经济出版社，2004.

[16] 肖鹏军. 公共危机管理导论[M]. 北京：中国人民大学出版社，2006.

[17] 陈建平. 冲突论视角下危机的再理解[J]. 新闻爱好者，2012，(21)：22-24.
[18] 温奇峰. 基于社交网络的社会危机传播仿真研究[D]. 江西财经大学硕士学位论文，2014.
[19] 韩新明，梁海霞. 媒体危机：定义、类型及来源[J]. 绵阳师范学院学报，2016，35(4)：122-126.
[20] 奥古斯丁 N R. 对力求规避的危机的管理[M]. 北京：中国人民大学出版社，2004.
[21] Shrivastava P，Mitroff I I. Strategic management of corporate crises[J]. Columbia Journal of World Business，1987，22 (3)：5-11.
[22] Rosenthal U，Hart P，Kouzmin A. Coping with Crises：The Management of Disasters，Riots and Terrorism[M]. Springfield：Charles C Thomas，1989.
[23] Stallings R A，Schepart C B. Contrasting Local Government Reponse to a YornadoDisaster in Two Commutities[J]. North American Studies in Emergency Managemet，1987，21(6)：265-284.
[24] Gonzalez-Harrero A，Pratt C B. How to manage a crisis before it hits[J]. Public Relations Quarterly，1995，40 (1)：25-29.
[25] Hwang P，Lichtenthal D. Anatomy of organizational crises[J]. Journal of Contingencies and Crisis Management，2000，8 (3)：129-140.
[26] 闪淳昌，薛澜. 应急管理概论：理论与实践[M]. 北京：高等教育出版社，2012.
[27] 罗森塔尔 U，查尔斯 M，特哈特 P. 应对危机——灾难、暴乱和恐怖行为管理[M]. 赵凤萍译. 郑州：河南人民出版社，2014.
[28] 宋劲松，袁宁. 公共危机管理中危机定义的探讨[J]. 安全，2017，38 (10)：27-32.
[29] Green P S. Reputation Risk Management[M]. London：Pitman/Financial Times，1992.
[30] Mitroff I I，Pearson C M. From crisis prone to crisis prepared ：A framework for crisis management[J]. Academy of Management Executive ，1993，(7)：48-59.
[31] Heath R L. Management of Corporate Communication：From Interpersonal Contacts to External Affairs[M]. Hillsdale：Laurence Erlbaum Association，1994.
[32] Burnett J. A strategic approach to managing crises[J]. Public Relations Review，1998，(24)：477-488.
[33] 孙彩，曲世友，孙凯. 对危机管理的原则及程序的探讨[J]. 科技与管理，2002，(4)：89-90，93.
[34] Cynthia B. Using discriminative analysis to predict financial distress[J]. International Advances in Economics Research，2000，(6)：591-593.
[35] Sheaffer Z，Mano-Negrin R. Executives' orientations as indicators of crisis management policies and practices[J]. Journal of Management Studies，2003，40 (2)：573-606.
[36] 鲍勇剑，陈百助. 危机管理：当最坏的情况发生时[M]. 上海：复旦大学出版社，2003.
[37] Alexander D E. Social media in disaster risk reduction and crisis management[J]. Science and Engineering Ethics，2014，20 (3)：717-733.
[38] Jin Y，Liu B，Austin L. Examining the role of social media in effective crisis management：The effects of crisis origin，information form，and source on publics' crisis responses[J].

Communication Research，2014，41（1）：74-94.
[39] Ley B，Ludwig T，Pipek V，et al. Information and expertise sharing in inter-organizational crisis management[J]. Computer Supported Cooperative Work-The Journal of Collaborative Computing and Work Practices，2014，（4/6）：347-387.
[40] 王金桃. 危机管理应急决策及其在城市防汛工作中的应用[D]. 上海交通大学博士学位论文，1995.
[41] 苏伟伦. 危机管理：现代企业失误管理手册[M]. 北京：中国纺织出版社，2000.
[42] 孟雪梅，贾春华. 论中小企业预警式战略与危机管理系统[J]. 情报科学，2001，（5）：459-461.
[43] 柳炳祥，徐远纯. 数据挖掘在企业危机管理中的应用[J]. 科学学与科学技术管理，2002，（6）：78-80.
[44] 朱德武. 危机管理：面对突发事件的抉择[M]. 广州：广东经济出版社，2002.
[45] 张玉波. 危机管理智囊[M]. 北京：机械工业出版社，2003.
[46] 何维达，郑世林，王慎蓉. 基于公司治理理论的企业危机管理研究[J]. 商业经济与管理，2007，（7）：45-49.
[47] 邱宝林，谷祖庆. 日本企业危机管理管窥[J]. 中国应急管理，2008，（7）：52-56.
[48] 刘静静，席酉民，王亚刚. 基于和谐管理理论的企业危机管理研究[J]. 科学学与科学技术管理，2009，30（1）：138-142.
[49] 曾智洪. 基于管理熵和管理耗散结构理论的企业危机管理思考[J]. 华东经济管理，2010，24（2）：118-120..
[50] 张芳. 企业危机管理的现状及对策分析[J]. 科技与企业，2012，（20）：78.
[51] 徐明阳，苏平. 基于企业社会责任视角的企业危机管理研究[J]. 湖北社会科学，2013，（4）：88-90.
[52] 赵晶晶. 基于信息管理理论的企业危机管理[J]. 中国管理信息化，2014，17（16）：77-78.
[53] 王丽芳. 基于市场营销视角的企业危机管理分析研究[J]. 品牌（下半月），2015，（10）：7-9.
[54] Mitroff I I，Pearson C M. Crisis Management：Diagnostic Guide for Improving Your Organization' s Crisis-Preparedness[M]. New York：Jossey-Bass Inc.，1993.
[55] 希斯 R. 危机管理[M]. 王成等译. 北京：中信出版社，2001.
[56] Augustine N R. Managing the crisis you tried to prevent[J]. Harvard Business Review，1995，73（6）：13-14.
[57] 赵定涛，李蓓. 企业危机管理五力模型分析[J]. 科技进步与对策，2005，（4）：126-127.
[58] 周向颖，李小琼，王丽君，等. 自然危机下的企业危机管理模式[J]. 东方企业文化，2012，（2）：265-266.
[59] 黄玮，刘霞，卫强，等. 基于大数据的企业产品危机管理模式创新[J]. 管理评论，2019，31（7）：37-44.
[60] 朱春兰. "互联网+"平台下企业危机管理模式分析及研究[J]. 智库时代，2020，（10）：54-55，58.

[61] 金锡万. 企业风险控制[M]. 大连：东北财经大学出版社，2001：13.
[62] Ruan P N，Wang S Y. The risk evaluation and advanced warning study on production marketing[C]. Proceedings of the 3rd International Conference on Management（ICM'98），1998.
[63] 亀井利明. 危险管理论[M]. 李松操译. 北京：中国金融出版社，1988.
[64] Gallagher R B. A practical approach to risk management[J]. Business Horizons，1960，3（2）：78-86.
[65] 卓志. 风险管理理论研究[M]. 北京：中国金融出版社，2006.
[66] 塞德格洛夫 K. 商务风险管理完全指南[M]. 罗平岩译. 沈阳：沈阳出版社，2001.
[67] Ducq Y，Vallespir B，Doumeingts G. Coherence analysis methods for production system by performance agnation[J]. International Journal of Production Economics，2001，69：23-37.
[68] 黄迎馨. 企业诊断方法概述[J]. 情报理论与实践，2001，（2）：124-125.
[69] 史旗凯，郭菊娥. 工业企业诊断中的三角模型[J]. 统计与决策，2007，（5）：148-149.
[70] 孙星，邱菀华，唐葆君，等. 基于模糊识别与聚类的企业危机预警模型设计[J]. 控制与决策，2006，（3）：267-269.
[71] 陈青姣. 企业危机预警探析[J]. 决策咨询通讯，2007，（1）：88-91.
[72] 王知津，徐日明. 面向企业危机预警的竞争情报运行机制研究[J]. 情报探索，2008，（9）：7-12.
[73] 王克平，蒋玲. 基于竞争情报的企业危机预警体系研究[J]. 情报理论与实践，2009，32（12）：56-59.
[74] 成志强. 面向企业危机预警的反竞争情报模型研究[D]. 辽宁师范大学硕士学位论文，2017.
[75] 王晓慧，成志强，李迎迎，等. 基于反竞争情报的企业危机预警系统研究[J]. 情报杂志，2016，35（7）：122-125.
[76] 李青. 企业危机预警管理[D]. 中国海洋大学硕士学位论文，2005.
[77] 周永生. 基于内部诱因的企业危机预警评价系统构建研究[D]. 中南大学博士学位论文，2005.
[78] Zmijewski M E. Methodological issues related to the estimation of financial distress prediction models[J]. Journal of Accounting Research，1984，（22）：59-82.
[79] Altman E I. Financial ratio，discriminant analysis and the prediction of corporate bankruptcy[J]. The Journal of Finance，1968，23（9）：589-609.
[80] 李昕. 企业财务预警模式在信贷风险管理中的作用[J]. 济南金融，2003，（5）：39-40.
[81] 洪梅. 基于 Logit 模型上市公司财务预警实证研究[J]. 合作经济与科技，2007，（8）：78-80.
[82] 李绍敬. 论我国企业财务预警机制的构建[J]. 上海金融学院学报，2005，（5）：60-64.
[83] Tam K Y，Kiang M Y. Managerial applications of neural network：The case of bank failure prediction[J]. Management Science，1992，38（7）：927-938.
[84] 程涛. 财务预警模型综述[J]. 山西财经大学学报，2003，（5）：104-107.
[85] 周三多，陈传明，鲁明泓. 管理学——原理与方法[M]. 上海：复旦大学出版社，2009.

[86] 张凌，李锦慧. 基于技术危机的企业技术危机管理系统初探[J]. 科学经济社会，2007，(3)：48-51.

[87] 邢精平. 企业财务危机预警分析[D]. 西南财经大学博士学位论文，2003.

[88] 杨洪兰，王方华. 现代实用管理学[M]. 上海：复旦大学出版社，1996.

[89] 霍育红. 浅谈企业管理中的科学决策[J]. 科技情报开发与经济，2008，(15)：176-177.

[90] Siomkos G J，Kurzbard G. The hidden crisis in product-harm crisis management[J]. European Journal of Marketing，1994，28（2）：30-41.

[91] 颛孙丰勤. 浅谈经济危机下企业诚信文化的建设[J]. 商业文化（学术版），2009，(12)：153-154.

[92] 杨延东. 论企业品牌危机管理[J]. 集团经济研究，2007，(14)：72-73.

[93] 唐细语. 中小企业品牌危机应对策略[J]. 企业研究，2011，(2)：47-49.

[94] 张欣. 公共危机与企业形象塑造[D]. 江西师范大学硕士学位论文，2007.

[95] 陶红霞. 刍论全球性经济危机背景下的企业形象塑造[J]. 理论导刊，2010，(1)：84-86.

[96] 刘季祥. 基于本体的企业形象危机知识库构建研究[D]. 南京师范大学硕士学位论文，2017.

[97] 鲁津，栗雨楠. 形象修复理论在企业危机传播中的应用——以“双汇瘦肉精”事件为例[J]. 现代传播（中国传媒大学学报），2011，(9)：49-53.

[98] Benoit W L. Image repair discourse and crisis communication[J]. Public Relations Review，1997，23（2）：177-186.

[99] 李亨英. 企业经营环境危机及定量预测研究[J]. 太原科技大学学报，2005，(4)：309-312.

[100] 马光荣，樊纲，杨恩艳，等. 中国的企业经营环境：差异、变迁与影响[J]. 管理世界，2015，(12)：58-67.

[101] 吴璇，田高良，司毅，等. 网络舆情管理与股票流动性[J]. 管理科学，2017，30(6)：51-64.

[102] 何飞. 基于系统动力学的企业网络舆情危机预警研究[D]. 首都经济贸易大学硕士学位论文，2013.

[103] 刘毅. 网络舆情研究概论[M]. 天津人民出版社，2007：53.

[104] 曾美雄. 网络舆情危机中企业形象修复研究[D]. 湖南师范大学硕士学位论文，2019.

[105] 中国经济网. 疑因食用相同品牌奶粉 甘肃14名婴儿同患肾结石[EB/OL]. http://finance.ce.cn/bank/3/yhgg/hyfx/200809/10/t20080910_13605738.shtml，2008-09-10.

[106] 2011年3月15日央视曝光双汇集团瘦肉精事件[EB/OL]. http://k.sina.com.cn/article_6485801339_18295797b02000u53v.html，2021-03-21.

[107] 边长勇. 三鹿集团破产[N]. 中国企业报，2008-12-26，(005).

[108] 欧志葵. 蒙牛上半年利润下跌18.4%[N]. 南方日报，2012-08-29，(A22).

[109] 彭颖. 食品安全问题，岂是危机公关了之？[N]. 南方日报，2017-08-30，(B04).

[110] 徐昊. 和颐酒店女生遇袭：如家疯狂扩张后遗症？[N]. 中国经营报，2016-04-11，(C13).

[111] DiNardo M A. The internet as a crisis management tool：a critique of banking sites during Y2K[J]. Public Relations Review，2002，28（4）：367-378.

[112] Coombs W T. Conceptualizing Crisis Communication[C]//Heath R L，O'Hair H D. Handbook of Risk and Crisis Communication. Routledge：Taylor & Francis Group，2010：111-130.
[113] 陈晞. 社会化媒体中的品牌危机传播研究[D]. 上海交通大学博士学位论文，2014.
[114] 任年. 企业网络危机传播研究[D]. 天津师范大学硕士学位论文，2016.
[115] 许新宜，王浩，甘泓. 华北地区宏观经济水资源规划理论与方法[M]. 郑州：黄河水利出版社，1997.
[116] Jo S，Kim Y. The effect of web characteristics on relationship building[J]. Journal of Public Relations Research，2003，15（3）：199-223.
[117] Porter L V，Sallot L M. The internet and public relations：investigating practitioners'roles and world wide web use[J]. Journalism and Mass Communication Quarterly，2003，80（3）：603-622.
[118] 黄寰，谢敏. 对网络公共关系的几点思考[J]. 商业研究，2005，（18）：137-139.
[119] 蔡文彬. 网上信息传播的潜在危机及应对策略[J]. 浙江高校图书情报工作，2002，（5）：9-12.
[120] 郭庆光. 传播学教程[M]. 北京：中国人民大学出版社，1999.
[121] 彭兰. 网络新闻传播结构的构建与分析上[J]. 国际新闻界，2003，（1）：54-61.
[122] 彭兰. 网络新闻传播结构的构建与分析下[J]. 国际新闻界，2003，（3）：31-35.
[123] 石双元，张金隆，蔡淑琴. 网络环境下企业信息结构与组织体系的研究[J]. 计算机工程与应用，2001，（2）：13-14，75.
[124] 相煜，王乃粒. 数字窄播系统：互联网上的多媒体信息发布网络[J]. 世界科学，2004，（7）：37-39.
[125] 杨涛. 新闻报道与危机公关[J]. 新闻记者，2001，（7）：39-40.
[126] 岳泉，施云，谭华军. 网络信息传播透析[J]. 情报理论与实践，2000，（5）：378-380，391.
[127] 裴然，肖瑶，史波. 论公共危机网络信息传播的动力因素[J]. 学习与探索，2012，6：56-59.
[128] Sawhney M，Zabin J. Managing and measuring relational equity in the network economy[J]. Journal of Academy of Marketing Science，2002，30（4）：313-332.
[129] 文晔. SARS 谣言网络[J]. 新闻周刊，2003，（19）：32-33.
[130] 王战平. 网络环境下的企业危机预警系统研究[J]. 情报科学，2006，（12）：1857-1861.
[131] Ulmer R R，Sellnow T L. Crisis management and the discourse of renewal：understanding the potential for positive outcomes of crisis[J]. Public Relations Review，2002，28（4）：361-365.
[132] McCoy M，Hargie O. Implications of mass communication theory for asymmetric public relations evaluation[J]. Journal of Communication Management，2003，7（4）：304-316.
[133] O'Donnell E，Schultz J J. The influence of business-process-focused audit support software on analytical procedures judgments[J]. Auditing：A Journal of Practice and Theory，2003，22（2）：265-279.
[134] Kersten A. Crisis as usual：organizational dysfunction and public relations[J]. Public Relations Review，2005，31（4）：544-549.

[135] Lehar A. Measuring systemic risk：a risk management approach[J]. Journal of Banking & Finance，2006，29（10）：2577-2603.

[136] Selberg E，Etzioni O. Multi-service search and comparison using the metacrawler[C]//Proceedings of the Fourth International World Wide Web Conference. Boston，1995.

[137] Wooldridge M，Jennings N R . Intelligent agents：theory and practice[J]. Knowledge Engineering Review. 1995，10（2）：115-152.

[138] 许静静. 基于 Agent 的智能元搜索引擎群组推荐机制的研究[D]. 西安电子科技大学硕士学位论文，2014.

[139] 邹延鑫. 基于 Agent 的智能元搜索引擎兴趣挖掘与调度策略的研究与实现[D]. 西安电子科技大学硕士学位论文，2014.

[140] Bayardo R J，Brice R，Helal A，et al. Info sleuth：Agent- based semantic integration of information in open and dynamic environments[J]. ACM SIGMOD Record，1997，26（2）：195-206.

[141] Haverkamp D S，Gauch S. Intelligent information agents：Review and challenges for distributed information sources[J]. Journal of the American Society for Information Science，1998，49（4）：304-311.

[142] Fan Y，Gauch S. Adaptive agents for information gathering from multiple，distributed information sources[J]. Spring Symposium Series，1999：40-46.

[143] Ho M H，Chang Y，Yuan S M. An agent-based personalized search on a multi-search engine based on internet search service[J]. Intelligent Data Engineering and Automated Lear ining-IDEAL2000，2000：404-409.

[144] 张卫丰，徐宝文，许蕾，等. 利用 Agent 个性化搜索结果[J]. 小型微型计算机系统，2001，（6）：724-727.

[145] 杨刚华. 基于 Agent 的个性化信息检索系统研究[D]. 大连理工大学硕士学位论文，2005.

[146] 李红梅. 智能元搜索引擎关键技术研究[D]. 西安电子科技大学博士学位论文，2009.

[147] 宋喆，初广丽. 基于 Multi-Agent 的个性化信息检索模型结构体系[J]. 图书馆学研究，2011，3：62-66.

[148] 张丹. 基于 Agent 技术的智能异构数据集成系统[J]. 电子测量技术，2008，（6）：16-19，23.

[149] 郭文俊，乔世东. 基于多 Agent 的搜索引擎技术的研究[J]. 山西大同大学学报（自然科学版），2017，33（3）：4-6.

[150] 侯甜甜，陈培友. 基于智能元搜索代理的企业网络舆情危机预警[J]. 北方经贸，2018，5：20-21.

[151] 包俊杰，马燕. 一种基于互联网智能元搜索引擎的研究[J]. 计算机科学，2004，31（6）：103-105.

[152] Abawajy J H，Hu M J. A new internet meta-search engine and implementation[C]. Computer Systems and Applications，2005：559-566.

[153] 刘丽，孙燕唐. 智能型元搜索引擎的设计与实现[J]. 计算机工程，2003，29（6）：118-120.
[154] 刘炜，陈俊杰. 用户界面 Agent 工作在危机预警职能部门的每个客户端[J]. 计算机工程与应用，2005，（3）：137-138，211.
[155] 陈俊杰，薛云，宋翰涛，等. 基于 Agent 的元搜索引擎的研究与设计[J]. 计算机工程与应用，2003，10：33-35.
[156] 边肇祺. 模式识别[M]. 北京：清华大学出版社，2000.
[157] 钟震宇. 小煤矿通风瓦斯集群监控系统的研究[D]. 中国地质大学博士学位论文，2006.
[158] 孙星，邱菀华，唐葆君. 基于灰色预测与模式识别的企业危机预警模型研究[J]. 系统工程理论与实践，2005，5（25）：36-42.
[159] 邓聚龙. 灰色系统理论教程[M]. 武汉：华中理工大学出版社，1990.
[160] 张曙红，张金隆，李君伟. 完全信息利用的 GM（1，1）建模方法[J]. 华中科技大学学报（自然科学），2003，（10）：96-98.
[161] 张金隆，丛国栋，周智皎. 一种基于粗糙集和灰聚类理论的 IT 项目评标决策模型[J]. 管理评论，2005，（10）：29-33.
[162] 李荣钧. 模糊多准则决策理论与应用[M]. 北京：科学出版社，2002.
[163] 邱菀华. 管理决策与应用熵学[M]. 北京：机械工业出版社，2002.
[164] 张慧元. 大众传播理论解读[M]. 苏州：苏州大学出版社，2005.
[165] 张隆栋. 大众传播学总论[M]. 北京：中国人民大学出版社，1993.
[166] 赵士林. 论媒体危机报道的四大功能[J]. 新闻界，2004，（4）：58-59.
[167] 邱明静. 企业的危机公关策略[J]. 经济问题探索，2002，（6）：79-82.
[168] 刘海霞，李后卿. 信息消费心理及行为分析[J]. 情报杂志，2004，（2）：52-53.
[169] 李凌凌. 网民心理与相应的传播策略[J]. 当代传播，2004，（1）：46-47，50.
[170] 谢新洲，吴淑燕. 竞争情报分析方法——定标比超[J]. 北京大学学报（哲学社会科学版），2003，（2）：137-151.